Jane's Journey

Die Lebensreise der Jane Goodall

Autoren: Gerda Melchior und Volker Schütz
unter Mitarbeit von Melanie Melchior

Jane's Journey

Die Lebensreise der Jane Goodall

Das Buch zum Film von Lorenz Knauer

Ꮟansa**nord**

IMPRESSUM

1. Auflage 2011
Copyright der deutschen Ausgabe:
© 2011 hansanord Verlag
Alle Rechte vorbehalten

ISBN: 978-3-940873-07-1

Gesamtbearbeitung: Stephanie Endemann
Coverfoto: Richard Ladkani
Korrektorat: Petra Holzmann
Druck: GGP Media GmbH, Pößneck
Printed in Germany

Sämtliche Fotos mit freundlicher Genehmigung von
Richard Ladkani, Lorenz Knauer, Richard Koburg, Frank Siegmund, André Zacher

Für Fragen und Anregungen:
info@hansanord-verlag.de

Fordern Sie unser Verlagsprogramm an:
vp@hansanord-verlag.de

hansanordVerlag
ein Imprint des IMAGINE Verlag – Thomas Stolze
Johann-Biersack-Str. 9 • 82340 Feldafing
Tel. +49 (0) 8157 59 69 48 • www.hansanord-verlag.de

»Wenn ich meine drei Enkel oder die Enkel
meiner Schwester sehe
und überlege, wie sehr wir den Planeten zerstört haben,
seit ich in ihrem Alter war...

Ich weiß nicht, was ich dann fühle.
Wut? Verzweiflung?

Auf jeden Fall gibt es ein Sprichwort, das man sehr oft hört:
›Wir haben diese Welt nicht von unseren Eltern geerbt,
sondern von unseren Kindern geliehen.‹

Wir haben uns nichts geliehen.
Was man sich ausleiht, gibt man zurück.
Wir haben gestohlen und tun es immer noch.
Das müssen wir ändern.«

Jane Goodall im Film »Jane´s Journey«

Inhalt

Vorwort

VON JANE GOODALL

Gemeinsam mit Lorenz Knauer an »Jane's Journey« zu arbeiten, bedeutete für mich, eine Reise innerhalb der Reise zu machen! Die Dreharbeiten zogen sich ja fast über ein Jahr hin und in dieser Zeit bin ich dem Team, das Lorenz ausgewählt hatte, menschlich sehr, sehr nahe gekommen: Richard »Richy« Ladkani, André Zacher, Richard Koburg und Frank Siegmund; es war manchmal sehr anstrengend, mit derart begabten Profis zu arbeiten – Richy, André und auch Lorenz sind ja Perfektionisten – aber ich wusste immer: das Endergebnis würde jede Mühe rechtfertigen.

Ich habe in meinem Leben viel Glück gehabt, habe wunderbare Dinge gesehen und bin wunderbaren Menschen begegnet.

Und ich habe so sehr gehofft, dass es uns gelingt, einige dieser Wunder auf Film zu bannen und deren Zauber mit vielen Menschen rund um den Globus zu teilen: die Kanadakraniche und die Schneegänse in Nebraska, den Zauber des »Hippo-Pools« – und natürlich die Schimpansen von Gombe. Ich hoffe, dass dieser Film viele Menschen inspiriert, in Zukunft noch intensiver daran zu arbeiten, diese Wunder zu retten, bevor es zu spät ist.

Ich möchte Lorenz für seine Vision danken, für sein Vertrauen in mich und in meine Botschaft sowie für die Hartnäckigkeit, mit welcher er den Film über alle Hindernisse hinweg zum Blühen gebracht hat. Und ich danke seinem Team und allen anderen, die »Jane's Journey« möglich gemacht haben.

Jane Goodall
irgendwo in Uganda, 30.7.2010

Vorwort

VON MICHAEL AUFHAUSER

Es gibt solche Reisen, bei denen einfach alles schiefgeht und zum Schluss nicht einmal das Gepäck ankommt. Als Jane Goodall 2007 nach Salzburg kam, um einen Vortrag zu halten, hatte sie eine solche Irrfahrt hinter sich und stand nach einem Tag, der unendlich lang für sie war, mit leeren Händen da.

Wir hatten uns noch zu einem kurzen Gespräch getroffen, und als ich schon längst wieder zu Hause war und über Jane Goodall und den Abend nachdachte, fiel mir etwas ganz Triviales ein: die praktische Frage nämlich, wie sie wohl die Nacht in Salzburg ohne ihr Gepäck verbringen würde? Um Mitternacht bat ich einen Angestellten, ihr ein Notpaket im Hotel vorbeizubringen, mit einer Auswahl an T-Shirts. Seither sind wir innige Freunde und wir trafen uns wieder.

Einmal saßen wir gemütlich auf der Schweinewiese auf Gut Aiderbichl, auf der sich einige Dutzend gerettete Pietrain-Schweine aufhielten, denen durch die Gier der Menschen zusätzliche Rippen angezüchtet wurden. Es war, als wären wir alle zu einem gemeinsamen Picknick verabredet, wir und die Schweine. Für Jane Goodall alles Begegnungen auf Augenhöhe, egal ob mit Menschen oder Tieren. So war es offenbar ein Leben lang.

Auch zum Glück für die Schimpansen, die in den 60er-Jahren die Menschheit nicht wirklich interessierten. Jane Goodalls Beobachtungen, Begegnungen, ihre Interpretationen, waren die größte Chance unserer Verwandten, bis heute. Wir alle kennen Jane Goodalls Erlebnisse, und wenn sie die Namen ihrer freilebenden Schimpansen nennt, sind wir im Bilde: Persönlichkeiten, ausgestattet mit charakterlichen Eigenschaften, sie könnten auch Menschen sein. So einfach ist das bei der »Lebenserforscherin«, die in der Liste ihrer Mentoren auch ihren Hund Rusty nennt.

Ein bedeutender Moment in meinem Leben war die Entscheidung, 40 Ex-Laborschimpansen und vier Tieraffen in den Verbund der Aiderbichler Lebenshöfe aufzunehmen. Pessimisten warnten mich, dass mich dieses Projekt überfordern würde. Jane Goodall riet mir zu und sah kein Problem darin, dass ich kein Schimpansen-Experte bin. Eine Warnung allerdings, war ihr wichtig: »Du lebst mit 1700 geretteten Tieren. Ihre Welt ist trotz des Leides, das sie ertragen mussten, jenseits von Gut und Böse. Schimpansen aber sind den Menschen ganz nahe verwandt und somit auch unberechenbar. Sei nicht enttäuscht, wenn du das herausfindest.«

Jeder kann sich vorstellen, wie groß für mich die Bedeutung des Films »Jane's Journey« und des von Gerda Melchior und Volker Schütz eigens dazu geschriebenen Buches ist. Ich lerne nachträglich entscheidende Momente im Leben von Jane Goodall kennen. Der Regisseur des Films, Lorenz Knauer, hat so gedreht und geschnitten, als hätte man all das, was sie zur größten Botschafterin einer gesamtheitlichen Humanität in unseren Zeiten macht, persönlich miterlebt. Ein wichtiger Schlüssel, nicht nur zu ihr, sondern zur Wahrnehmung der Welt, getragen von der glaubwürdigen Hoffnung, auch in scheinbar ausweglosen Situationen immer Lösungen finden zu können. Resignation ausgeschlossen.

Wer Jane Goodall genau zuhört, versteht manchmal erst bei genauerem Nachdenken die Tragweite ihres Vortrags. Sie liebt Schimpansen. Also liebt sie auch Menschen. Oder umgekehrt. Die Reihenfolge spielt bei ihr keine Rolle. Es geht um die Achtung jeden Lebens und der Natur.

Sie spricht ruhig und scheinbar gelassen. Auch das gehört zu ihr. Sie verzichtet, selbst wenn sie müde sein müsste, auf Routine oder Stereotypen. Ich habe sie in »Jane's Journey« zwar neu entdeckt, aber zugleich wiedergefunden. Sich treu geblieben ein Leben lang.

Es ist auch mein persönliches Lebensziel, das Verhältnis zwischen Mensch und Tier zu verbessern, Leid zu mindern und ein gemeinsames Zusammenleben zu ermöglichen. Mit dem Film »Jane's Journey« und dem hautnahen Kontakt zu einem weltweiten Großprojekt und seinem ermutigenden Erfolg fällt mir meine Arbeit entschieden leichter.

herzlichst Ihr Michael Aufhauser

Von England auf den »dunklen« Kontinent

Über Nacht ist wie ein Vorbote des nahenden Winters der erste Schnee gefallen und hat das alte, im viktorianischen Stil erbaute Backsteinhaus und seinen Garten mit den vielen Steinfiguren mit einer dünnen weißen Schicht überzogen. Alle Zimmer des Hauses sind dunkel, nur ganz oben, im Giebel, dringt durch ein kleines Fenster ein gemütliches Licht heraus und lässt eine Silhouette erkennen, die sich hinter der erleuchteten Scheibe bewegt.

Die Silhouette gehört einer zierlichen älteren Dame, die geschäftig im Zimmer hin und her geht. Ihr schulterlanges, graues Haar ist zu einem einfachen Pferdeschwanz gebunden, und ihr Gesicht strahlt gleichermaßen Güte wie Lebenserfahrung aus. Sie ist dabei, ihren Koffer für eine Reise zu packen. Wieder einmal, denkt sie bei sich. Aber ebenso wenig, wie sie weiß, wie oft sie dies noch tun wird, kann sie sich erinnern, wie oft sie dies in ihrem langen und ereignisreichen Leben schon getan hat.

Während sie ruhig und konzentriert ein Teil nach dem anderen in den Koffer legt, denkt sie auch darüber nach, was auf der vor ihr liegenden Reise alles passieren wird. Vieles wird so sein wie immer, und so manches völlig neu, aber sie ist für alles offen und freut sich auf alles, was geschehen könnte. Eines könnte wieder passieren, denkt sie amüsiert, was sie früher, als es noch häufiger vorkam, aufgeregt hat. Inzwischen ist es selten geworden, und wenn, dann nimmt sie es mit Gelassenheit und Humor: die Tatsache, dass sie verwechselt wird.

Unterwegs wird sie oft von vielen Menschen erkannt und höflich angesprochen, auf der Straße, am Flughafen oder in der Lobby eines Hotels, sie wollen mit ihr reden oder sie um ein Autogramm bitten, das sie ihnen bereitwillig geben wird. Und es kann sein, dass sie von manchen Menschen mit den Worten angesprochen wird: »Ich habe ihren Film gesehen, ›Gorillas im Nebel‹, und ich fand ihn wunderbar!« In diesem Fall wird sie mit einem feinen und freundlichen Lächeln antworten: »So, Sie fanden ihn wunderbar. Erinnern Sie sich, dass die Dame am Ende getötet wurde?« Und dann wird sie wie üblich eine kurze Pause machen, um die Überraschung und die Verlegenheit ihres Gegenübers auszukosten, und dann nachsichtig lächelnd hinzusetzen: »Sehen Sie, ich bin noch am Leben!«

Natürlich ist sie am Leben, denn sie ist nun einmal nicht Dian Fossey, sie ist Jane Goodall.

In ihrem Leben als Jane Goodall ist sie an dreihundert Tagen im Jahr in der ganzen Welt unterwegs, hält Vorträge und besichtigt Projekte des nach ihr benannten Instituts. Nur noch selten ist sie in ihrer Heimat England, und wenn, dann lebt sie dort, wo sie auch einen großen Teil ihrer Kindheit und ihre Jugend verbracht hat. Sie fühlt sich geborgen in *The Birches*, dem »Birkenhof« in Bournemouth, unweit der Kanalküste, der schon ihrer Großmutter gehört hatte. Zu Beginn des Zweiten Weltkriegs, als Jane fünf Jahre alt war, wurde *The Birches* ihr Heim und ihr Zufluchtsort, und das würde es immer bleiben. Auch wenn oder gerade weil in den vergangenen drei Jahrzehnten das Reisen von Ort zu Ort, von einem Erdteil zum anderen, ihr Lebensinhalt geworden war, und sie manchmal morgens beim Aufwachen überlegen muss, in welcher Stadt oder in welchem Land ihr Hotelbett steht.

Jane Goodall schließt ihren Koffer und sieht sich noch einmal in ihrem Zimmer um, das Erinnerungsstücke an ihre Aufenthalte auf fünf Kontinenten beherbergt. Kofferpacken ist für sie zur Routine geworden und geht ihr schnell von der Hand, auch deswegen, weil sie mit wenig auskommt auf ihren Reisen. Zwei Koffer und eine Reisetasche mit Kleidung und Unterlagen, das ist meist ihr ganzes Gepäck. Immer dabei sind ein kleiner Tauchsieder, damit sie sich im Hotelzimmer Kaffee zubereiten kann, ein alter Nylonstrumpf als waschbarer Kaffeefilter, eine Dose mit Trockenmilch und … eine Plastikflasche mit Whiskey, umgefüllt aus der Glasflasche, um Gewicht einzusparen! Und das Wichtigste, das sie auch auf dieser Reise begleiten wird, kommt ohnehin niemals in einen der Koffer: »Mr. H.«, ein kleiner, grauer Stoffaffe, der gerade in eine frisch geschälte Stoffbanane beißen will. Er hatte ihr, während sie ihre Sachen packte, die ganze Zeit von der Fensterbank aus zugeschaut. »Mr. H.« ist seit 13 Jahren wie selbstverständlich auf all ihren Reisen dabei, er hat auf ihrem Arm inzwischen 59 Länder besucht und die Bekanntschaft von mehr als drei Millionen Menschen gemacht.

Jane Goodall erzählt gerne, wie sie »Mr. H.« von Gary Haun, einem guten Freund, zu ihrem Geburtstag geschenkt bekam. Gary hatte während seiner Dienstzeit bei den Marines sein Augenlicht verloren, aber das hielt ihn nicht davon ab, gegen alle Bedenken seiner Umgebung seinen Traum zu verwirklichen und Zauberer zu werden, um auf diese Weise Kinder glücklich zu machen. Während seiner Vorstellungen, wenn er seine Kunststückchen aufführt und mit sicheren Gesten aus einem Luftballon eine lebende Taube zaubert, merkt keiner seiner kleinen Zuschauer, dass er nicht sehen kann, erst ganz zum Schluss sagt er es ihnen und fügt dann hinzu: »Wenn in eurem Leben etwas schiefgeht, gebt niemals auf! Es gibt immer einen Weg nach vorn.«

Als Gary Jane damals den Stoffaffen überreichte, in dem Glauben, es sei ein Schimpanse, hatte sie ihn behutsam darauf aufmerksam gemacht, dass er dafür wohl die falsche Fellfarbe habe, was er natürlich nicht sehen konnte. Daraufhin hatte sie ihn den Schwanz fühlen lassen und scherzhaft gemeint: »Jetzt hilft keine Ausrede, Schimpansen haben keine Schwänze!«

»Egal!«, hatte Gary ungerührt erwidert. »Wo immer du ihn bei dir hast, werde ich im Geist bei dir sein!« Von diesem Tag an war »Mr. H.« ihr ständiger Reisebegleiter. Sie staunte immer

KapitelKapitel 1

wieder, wie die Inspiration, die Gary Haun ihr mit seinem unge-
brochenen Lebensmut gegeben hatte, auch auf die vielen Menschen übersprang, die das kleine, unscheinbare Maskottchen
berührten und streichelten.

Durch die Heckscheibe des Taxis, das sie zum Flughafen Lon-
don-Heathrow bringt, blickt sie noch einmal zurück auf *The Birches*, das hinter ihr schnell kleiner wird und schließlich ganz verschwunden ist. Alles ist wie sonst auch, wenn sie ihren Zufluchtsort
verlässt, und doch ist es dieses Mal anders. Sie geht zwar wieder
einmal auf Reisen, aber gleichzeitig würde es eine Rückkehr werden, eine Rückkehr in eine Welt, die für sie vor einem halben Jahrhundert so fern und fremdartig war, dass sie ihr anfänglich Angst
bereitete. Aber dort hatte alles angefangen, dort hatte der Weg begonnen, auf dem sie sich jetzt immer noch befand. Damals, vor
fünfzig Jahren, im Gombe-Nationalpark in Tansania.

Gedanken und Erinnerungen tauchen in ihr auf wie kurze
Filmszenen und sind ebenso schnell wieder verschwunden. Wo
hatte ihre Lebensgeschichte ihren Anfang? War es der Tag, als
sie England und die Geborgenheit von *The Birches* zum ersten
Mal in Richtung Afrika verlassen hatte, um eine Freundin zu
besuchen? Oder war weit vorher etwas geschehen, das sie dahin

geführt hatte, wo sie heute stand? Hatte es an dem Tag begonnen, als ihr Vater ihr, seiner 18 Monate alten Tochter, »Jubilee« mitbrachte, einen Schimpansen aus Plüsch, damals fast so groß wie Jane selbst? Sie kann es heute nicht mehr sagen, aber wie auch immer: Es war eines auf das andere gefolgt in ihrem Leben wie Perlen auf einer Schnur, und alles hatte sich richtig gefügt.

Schon als Kind von zehn Jahren wollte sie nach Afrika, aber man lachte sie nur aus. Auf der einen Seite war dafür in ihrer Familie kein Geld vorhanden, und auch, wenn man es sich hätte leisten können: Afrika war damals der »dunkle Kontinent«, von dem niemand etwas wusste, und für ein Mädchen gehörte es sich einfach nicht, dorthin zu wollen. Nur ihre Mutter nahm sie ernst und machte ihr Mut mit den Worten: »Wenn du etwas wirklich willst und hart darauf hinarbeitest, und wenn du niemals aufgibst, dann wirst du es schaffen.« Schließlich respektierte auch der Rest der Familie Janes großen Wunsch, und ihre Mutter riet ihr, einen Sekretärinnenkurs zu machen, wobei sie ermunternd hinzufügte: »Vielleicht bekommst du dann einen Job in Afrika!« Natürlich befolgte Jane den Rat ihrer Mutter und besuchte den Kurs. Um währenddessen Geld zu verdienen, jobbte sie als Kellnerin und sparte eisern, damit sie ihren Traum von Afrika eines Tages Wirklichkeit werden lassen konnte.

> *»Solange ich denken kann, sagte sie: ›Ich gehe später*
> *mal nach Afrika.‹ Das war als Tatsache akzeptiert.*
> *Wir diskutierten das als Kinder nicht, es stand fest,*
> *dass sie´s tut.«*
>
> Judy Waters, Jane Goodalls Schwester, im Film »Jane´s Journey«

Im Jahre 1957 hatte sie genug Geld für eine Schiffspassage zusammen; das war damals die günstigste Möglichkeit, um auf einen anderen Kontinent zu gelangen. Mit gerade einmal 23 Jahren verabschiedete sie sich von ihrer Familie, ihren Freunden und ihrer Heimat England und begab sich auf die große Reise, die wegen des Suezkrieges nicht auf der kurzen Route durch das Mittelmeer, sondern über den Atlantik um das Kap der Guten Hoffnung herum nach Mombasa an der Ostküste Afrikas und von dort weiter in das Landesinnere führte.

Die Ankunft des Taxis am Flughafen unterbricht Jane Goodalls Gedanken. Nach dem Check-in und der Sicherheitskontrolle wartet sie am Gate auf das Boarding, und wieder kommen die Erinnerungen an ihren ersten Aufenthalt in Afrika hoch. Von den vielen überwältigenden Eindrücken, die dort auf sie, das unbedarfte junge Mädchen, eingestürzt waren, hatte wohl die Begegnung mit dem renommierten Paläontologen und Anthropologen Louis Leakey am entscheidendsten ihr weiteres Leben bestimmt. »Wenn Sie an Tieren interessiert sind, sollten Sie ihn kennenlernen«, hatte man ihr gesagt. Sie hatte nicht die leiseste Ahnung, wer Louis Leakey war, aber sie traf sich mit ihm.

Louis Leakey war damals schon sein ganzes Leben lang in Afrika auf der Suche nach den Überresten der ersten Menschen. Irgendwann reifte in ihm die Idee, wildlebende Schimpansen beobachten zu lassen, um aus ihrem Verhalten Rückschlüsse auf das mögliche Verhalten der Urzeitmenschen ziehen zu können. Dafür suchte er jemanden ohne Universitätsabschluss, der unvoreingenommen und unbeeinflusst von den bis dahin vorliegenden wissenschaftlichen Erkenntnissen an die Sache herangehen würde. Außerdem konnte diese Aufgabe seiner Ansicht nach nur von einer Frau übernommen werden, weil, so argumentierte er, Frauen nicht nur bessere und geduldigere Beobachter seien, sondern auch durch die ihnen von der Natur vorgegebene Rolle als Mutter schneller und sicherer die Signale von nonverbalen Wesen (wie es auch Kinder in ihren ersten Lebensmonaten sind) deuten könnten.

Die Stimme aus dem Flughafenlautsprecher, die den Beginn des Boarding ankündigt, holt Jane Goodall in die Gegenwart zurück. Erst als die Maschine nach dem Start die vorgegebene Flughöhe erreicht hat, ziehen ihre Gedanken wieder ein halbes Jahrhundert in die Vergangenheit. Sie war damals für Louis Leakey und sein Vorhaben sozusagen die Idealbesetzung gewesen: jung, mutig, ungebunden – und an Tieren interessiert, und so bekam sie den Job. Während einer kurzen Rückkehr in die Heimat versuchte sie, soviel wie möglich über die Lebensweise von Schimpansen herauszufinden und musste enttäuscht feststellen, dass sie völliges Neuland betrat. Die verfügbaren Berichte basierten entweder auf der Beobachtung von Zooschimpansen oder stammten von Mitgliedern großer Expeditionsteams, vor denen die Schimpansen aber regelmäßig geflohen waren. Niemand vor ihr hatte gewagt, das Vertrauen der Menschenaffen zu erlangen, um sie aus nächster Nähe in ihrem natürlichen Lebensraum zu studieren. Sie müsse sich eben gut verstecken, war nur einer der wenig hilfreichen Ratschläge, die sie zu hören bekam, als sie in England mit Wissenschaftlern über ihr Vorhaben sprach.

Doch der Plan hatte sich in ihr festgesetzt, und Mitte Juli 1960 war es so weit: Jane Goodall traf im Gombe Stream National Re-

serve, heute Gombe-Nationalpark, am Ostufer des Tanganjikasees ein, und ihre Mutter Vanne ließ es sich nicht nehmen, die
Tochter bei diesem Unternehmen zu begleiten.

> *»Ihre Mutter fuhr mit. Sie ließ alles stehen und*
> *liegen, brach mit ihrer Tochter ins dunkelste Afrika*
> *auf und trat diese total verrückte und unwahrschein-*
> *liche Expedition nach Tanganjika an, um wilde*
> *Schimpansen zu beobachten.«*
>
> Dale Peterson, Jane Goodalls Biograf, im Film »Jane´s Journey«

Die ersten Jahre in Gombe

Als eine Stewardess sie sanft am Arm berührt und ihr das Formular für die Einreise nach Tansania reicht, wacht Jane Goodall aus ihren Träumen auf. Gedankenverloren füllt sie das Papier aus. Die Welt ist kleiner geworden, denkt sie bei sich. Nein, korrigiert sie dann, die Welt ist so groß wie früher, aber die damals so unermesslichen Entfernungen sind zusammengeschrumpft. Heute kann man in wenigen Stunden zu fast jedem beliebigen Punkt unseres Globus' gelangen und von dort kurz zu Hause Bescheid geben, dass man gut angekommen ist. Alles kann genauestens vorhergeplant und organisiert werden, und so hat sogar das Wort »Weltreise« seinen ursprünglichen Zauber verloren.

Damals, vor fünfzig Jahren, als sie und ihre Mutter nach Gombe aufbrachen, war das noch ganz anders. Sie traten eine Reise ins Ungewisse an, mit vielen Gefahren und Unwägbarkeiten, und sie konnten nach der Ankunft nicht kurz in England anrufen, um die Familie zu beruhigen. Sie schliefen in ausrangierten Militärzelten am Ufer des Tanganjikasees, und ihre einzige Verbindung zur Außenwelt war ein kleines Boot mit Außenbordmotor, mit dem man im Notfall über den See zur 16 Meilen entfernten Ansiedlung Kigoma gelangen konnte.

»Ich finde es außergewöhnlich, wenn ich an meine
erste Ankunft hier im Jahre 1960 denke, als sehr
naives, junges Mädchen, kein Studium, gar nichts ...
Nur mit Bleistift, Notizbuch und Leidenschaft.
Und sehen Sie sich an, was daraus wurde. Ist das
nicht wie ein Wunder? ... Manchmal frage ich mich:
Warum ich?«

Jane Goodall im Film »Jane´s Journey«

Janes Auftrag lautete, in Gombe Schimpansen zu beobachten, aber wie gesagt: Anfangs wusste sie rein gar nichts über diese Art von Menschenaffen. Und ebenso wenig wusste sie, wie sie an diese Aufgabe herangehen sollte. Es war von Louis Leakey schon verrückt genug, ein junges Mädchen ohne jede wissenschaftliche Ausbildung mitten in den Dschungel zu schicken, wo tausend Gefahren lauerten. Aber dann sollte sie auch noch täglich allein losziehen, um irgendwann zufällig auf Schimpansen zu treffen, deren Reaktion sie in keiner Weise abschätzen konnte. Sie machte das Beste aus der Sache, konzentrierte sich auf ihren Job und versuchte, irgendetwas Spannendes über Schimpansen herauszufinden, bevor das Geld ausging. Denn Louis Leakey hatte für sein Forschungsprojekt nur eine Summe auftreiben können, die für das Nötigste an Ausrüstung und für einen Aufenthalt von sechs Monaten reichte.

Natürlich hatte Jane Angst, wenn sie weit von dem kleinen Zeltlager entfernt allein im Dschungel unterwegs war. Leoparden konnten gefährlich werden, und oftmals merkte sie an dem intensiven Katzengeruch, dass einer in der Nähe umherstrich. Sie beruhigte sich dann selbst mit dem Wissen, dass Angst den Adrenalinspiegel im Blut steigert und man dadurch schneller fliehen kann. Außerdem redete sie sich ein, dass sie schließlich einen Job zu erledigen habe und ihr schon allein deswegen nichts passieren werde, wenn sie nur vorsichtig wäre – alles Gedanken, die ihr bei näherer Betrachtung selbst lächerlich vorkamen.

Auf der anderen Seite war ihr Traum, den sie schon als Kind geträumt hatte, endlich in Erfüllung gegangen: Sie war in Afrika, und ihre Empfindungen und ihre Freude darüber drückte sie in einem Brief an die Daheimgebliebenen in England aus:

Liebste Familie! Manchmal wird mir klar, wie seltsam das alles ist. Ich bin ein ganz normaler Mensch und tue hier, was ich immer tun wollte. Ich bin nicht in einem schrecklichen Büro ohne Sonne eingesperrt, sondern bin im Freien, schlafe unter den Sternen, klettere auf Berge und beobachte die vielen Tiere. Kann das wahr sein? Bin das wirklich ich, oder ist es eine sonderbare Halluzination?...

Sie fand es spannend, das Gebiet, in dem die Schimpansen vermutet wurden, zu durchstreifen, und mit der Zeit lernte sie, Spuren ihrer Anwesenheit in der Vegetation zu entdecken. Aber noch spannender war für sie das Bewusstsein, dass dies niemand vor ihr getan hatte. Und eines Tages, nach Wochen der ergebnislosen Suche, sah sie tatsächlich zum ersten Mal eine Gruppe Schimpansen. Sie waren weit weg und flohen sofort, als sie den Eindringling bemerkten. Mit viel Geduld schaffte sie es nach und nach, immer näher an die Schimpansen heranzukommen. Irgendwann hatten sie sich an den seltsamen »weißen Affen« in ihrem Gebiet soweit gewöhnt, dass sie sich nicht mehr vor ihr fürchteten, bei manchen von ihnen wandelte sich die anfängliche Angst allerdings in Aggression um. Sie versuchten, sie zu vertreiben, indem sie über ihrem Kopf wie wild an den Ästen rüttelten, und einer schlug ihr sogar auf den Kopf und stieß einen wütenden Schrei aus. Aber sie lernte, damit umzugehen. Sobald sie bei ihren täglichen Ausflügen auf eine Gruppe stieß und aggressives Verhalten spürte, versuchte sie, so unbeteiligt wie möglich zu wirken. Sie sah den Schimpansen nicht in die Augen, denn direkter Blickkontakt hätte vielleicht als Kampfbereitschaft aufgefasst werden können. Vielmehr hockte sie sich dann auf den Boden und tat so, als sei sie damit beschäftigt, ein Loch zu graben oder Blätter zu essen. Und damit tat sie genau das Richtige, denn die Schimpansen beruhigten sich wieder.

Es dauerte Monate, aber auf diese Weise gewann sie immer mehr das Vertrauen der Schimpansen. Unerwartet bekam sie dabei Hilfe von einem von ihnen, dem sie wegen seines schönen grauen Bartes den Namen »David Greybeard« gegeben hatte. Anders als die übrigen Mitglieder seiner Gruppe hatte David, ein erwachsenes Männchen, weniger Angst vor ihr, er zeigte ihr gegenüber auch keinerlei Aggression. Wenn die anderen unruhig wurden und sich zur Flucht wenden wollten, blieb er gelassen sitzen, und das beeinflusste allmählich die übrigen Schimpansen. So schaffte es Jane schließlich, sich unbehelligt mitten unter ihnen aufzuhalten und ihre Beobachtungen zu machen. Sie war überrascht, wie zärtlich und liebevoll die Schimpansenmütter mit ihren Jungen umgingen, wie fröhlich sie mit ihnen spielten und wie viel Spaß sie mit ihnen hatten. Und sie stellte fest, wie positiv sich eine gute Mutterschaft auf die Zukunft des Nachwuchses auswirkt und wie sehr sie dazu beiträgt, dass aus einem jungen Schimpansen später einmal ein selbstbewusstes und nützliches Mitglied der Gemeinschaft wird.

»*Ich dachte: Wenn ich ein Baby bekomme, werde ich auch Spaß daran haben. Wenn ich ein Kind habe, gebe ich ihm auch diesen frühen, ständigen*

Kontakt und die Sicherheit, die für Schimpansen so wichtig ist.«

Jane Goodall im Film »Jane´s Journey«

Als Jane es nach monatelangen Anstrengungen endlich geschafft hatte, die Schimpansen und ihr Verhalten aus nächster Nähe beobachten zu können, waren die Geldmittel beinahe aufgebraucht, und die Zukunft des Projektes war ernsthaft gefährdet. Doch genau in dieser Phase machte Jane eine Beobachtung, die die bisherigen wissenschaftlichen Erkenntnisse völlig auf den Kopf stellen sollte. David Greybeard war es, der graubärtige Schimpanse, der eines Tages Grashalme ausriss und in die Zugänge eines Termitenhügels einführte. Die Termiten, die sich in Verteidigungsabsicht an dem Halm festgeklammert hatten, leckte er genüsslich ab und fraß sie auf. Jane war wie elektrisiert. Sie wusste: Bisher hatte es geheißen, dass nur Menschen Werkzeuge benutzen, und dieses Kriterium hatte in wissenschaftlichen Kreisen dazu gedient, die Trennlinie zwischen Menschenaffen einerseits und Hominiden andererseits zu ziehen. Aber David Greybeard setzte noch eins drauf: Als er wenig später wieder Appetit auf Termiten bekam, brach er einen Zweig ab, entfernte die Blätter und benutzte ihn in gleicher Weise wie vorher den Grashalm. Er hatte ein Werkzeug hergestellt, und damit war die lange Zeit als unverrückbar geltende Definition »Der Mensch, der Werkzeugmacher« nicht mehr haltbar.

Aufgeregt telegrafierte Jane an Louis Leakey und berichtete ihm von ihrer bahnbrechenden Entdeckung. Und der berühmte Anthropologe telegrafierte den inzwischen legendären Satz zurück: »Nun müssen wir den Menschen neu definieren, Werkzeug neu definieren oder Schimpansen als menschliche Wesen akzeptieren.«

Bei aller Euphorie musste aber zunächst das finanzielle Problem gelöst werden, um die Studien fortsetzen zu können. Louis Leakey hatte die Idee, Fotos machen zu lassen und wandte sich deswegen an die *National Geographic Society*, für deren Monatsmagazin er bereits einige Artikel verfasst hatte. Die Gesellschaft erklärte sich tatsächlich bereit, für die Weiterführung des Projektes Geld zur Verfügung zu stellen und sogar einen Fotografen nach Gombe zu schicken. Janes weiterer Verbleib in Gombe war damit sichergestellt.

Jané's Peak — von der Schimpansen- forschung zur großen Liebe

Vom modernen internationalen Flughafen in Dar Es Salaam aus bringt eine zweimotorige Propellermaschine Jane Goodall nach Kigoma am Ostufer des Tanganjikasees. Dort wird sie bei der Landung von einem kleinen Empfangskomitee aus alten Freunden und Mitarbeitern erwartet und mit herzlichen Umarmungen begrüßt. Man begleitet sie bis zum Seeufer, wo schon eine Motorbarkasse für sie bereitliegt. Es ist heiß, die Sonne brennt vom Himmel und zaubert Millionen von Lichtreflexen auf die riesige Wasserfläche des Sees. Im flachen Uferbereich spielen Kinder, und ihre fröhlichen, unbeschwerten Stimmen erfüllen die Luft. Frauen waschen ihre Wäsche am Strand, und Fischer, die morgens ihren Fang eingebracht hatten, gönnen sich auf ihren Booten eine kurze Erholung von den Anstrengungen der vergangenen Nacht. Jane Goodall nimmt diese Bilder in sich auf und stellt fest, dass sich gegenüber den vergangenen Jahren, wenn sie hierher kam, nichts Wesentliches geändert hat.

Zusammen mit ihrer Begleiterin Mary Mavanza vom »Jane Goodall Institute« in Kigoma und natürlich »Mr. H.« besteigt sie die Barkasse und nimmt unter der Zeltplane Platz, die den Fahrgästen ein wenig Schutz vor den sengenden Strahlen der afrikanischen Sonne spenden soll. Während das Boot ablegt und langsam Fahrt aufnimmt, winken ihr die Menschen am Strand und die Kinder im Wasser freundlich hinterher, und sie winkt zurück. Man kennt sie hier in Kigoma, denn mit ihren Forschungsarbeiten hat sie diese Stadt und den nahegelegenen Gombe-Nationalpark weltbekannt gemacht.

Die Bootsfahrt dauert nicht lange, schon nach knapp zwei Stunden kommt das Gebiet des Nationalparks mit seinen sanften, dicht bewaldeten Hügeln in Sicht. Jane Goodall ist zurückgekehrt in ihre zweite Heimat. Wie schon Hunderte Male vorher in ihrem Leben geht sie wieder allein die vertrauten Pfade durch den lichten Dschungel, erfasst mit ihren aufmerksamen Blicken die Schönheit der üppigen Vegetation, lauscht dem Stimmenkonzert der Vögel, das aus den Baumkronen dringt, und zieht die samtweiche, vom intensiven Duft der Blätter und Blüten geschwängerte Luft tief in sich hinein.

> *»Wenn ich nach Gombe zurückkomme, hat das einen besonderen Zauber. Der besondere Duft der Bäume ... Und es liegt eine weiche Wärme in der Luft, die es anderswo überhaupt nicht gibt.«*
>
> Jane Goodall im Film »Jane's Journey«

Durch ihr kleines Fernglas, das sie immer mitführt, erkennt sie in einem der Baumwipfel eine Gruppe Schimpansen, die in schwindelerregender Höhe über die Äste balancieren. Wie von einer unsichtbaren Hand geleitet nimmt Jane Goodall den Weg zu dem Aussichtspunkt auf dem unbewaldeten Hügel, von dem aus sie damals das erste Mal in weiter Ferne einzelne Schimpansen erblickte und der heute den Namen »Jane´s Peak« – Janes Gipfel – trägt. An diesem für sie beinahe magischen Ort kann sie am besten nachempfinden, wie sie sich vor fünfzig Jahren fühlte, sie, ein junges Mädchen von 26 Jahren, völlig auf sich gestellt und mit der Aufgabe betraut, fernab der Zivilisation freilebende Schimpansen zu beobachten. Wenig hat sich geändert hier oben gegenüber damals, sie kann weit über den Nationalpark und seine Wälder hinwegblicken, die immer noch so dicht sind wie zu der Zeit, als sie diesen Platz entdeckte.

Und wieder gehen ihre Gedanken zurück. Wie war es damals weitergegangen? Sie hatte zwar im Zuge ihrer Arbeiten sensationelle Erkenntnisse gewonnen, aber die Reaktionen aus der Fachwelt waren zwiespältig gewesen. Aus den Reihen etablierter Forscher wurde ihr unprofessionelles Verhalten vorgeworfen, ihre Entdeckungen seien aus wissenschaftlicher Sicht nichts wert, hieß es. Denn sie hatte den Schimpansen, deren Verhalten sie untersuchte, statt Nummern Namen gegeben und sie damit als denkende und fühlende Wesen anerkannt. Nach den damaligen Vorstellungen über die Verhaltensforschung war das absolut verpönt, Versuchstiere hatten anonym zu sein, und eine persönliche Beziehung zwischen Forscher und Forschungsobjekt durfte schon gar nicht entstehen.

Auf der anderen Seite hatte die *National Geographic Society* auf Betreiben von Louis Leakey einen Fotografen geschickt, Baron Hugo van Lawick, damit das, was Jane in Gombe tat, nicht nur einem begrenzten Kreis von Wissenschaftlern, sondern auch einer breiten Öffentlichkeit bekannt gemacht wurde.

Hugo van Lawick hatte damals bereits in Kenia für einen der ersten Tier-Dokumentarfilmer gearbeitet und war Louis Leakey bestens bekannt. Er war etwa im gleichen Alter wie Jane, teilte ihre Begeisterung für Tiere und ließ bei seinen Film- und Fotoaufnahmen nur technisch absolut einwandfreie Ergebnisse gelten. Es kam vor, dass er eine wichtige oder spannende Szene nicht mit der Kamera einfing, weil seiner Ansicht nach das Licht oder der Blickwinkel gerade ungünstig waren. »*National Geographic* soll keine schlechten Bilder bekommen«, begründete er seine Weigerung, und Jane machte dieser Hang zum Perfektionismus bisweilen fast wahnsinnig.

Aber sie arbeiteten zusammen auf das gemeinsame Ziel hin, das Verhalten der Schimpansen zu dokumentieren, und Hugo van Lawick lieferte bei seiner Gesellschaft faszinierende Aufnahmen ab, die weltweit Aufsehen erregten. Jane und ihre Forschungsarbeit wurden weltberühmt. Das Wichtigste war allerdings, dass Millionen von Menschen, in deren Wohnzimmern die in Gombe gedrehten Dokumentarfilme über den Fernseher liefen, die Schimpansen ab diesem Zeitpunkt nicht mehr als eine Gruppe wilder Tiere wahrnahmen, sondern als Einzelindividuen mit eigener Persönlichkeit, und das war einfach revolutionär.

> *»Er war hervorragend. Es ist schön, seine Bilder*
> *zu haben.«*
>
> Jane Goodall über Baron Hugo van Lawick im Film »Jane´s Journey«

Natürlich gab es zu den Berichten, Filmen und Fotos, die die beiden ablieferten, auch kritische und sogar neidische Stimmen. Viele interessierten sich gar nicht für die Ergebnisse von Janes Arbeit, sie sahen in ihr nur eine attraktive junge Frau in Khaki-Shorts, die mitten im Urwald unter wilden Tieren lebte, und nannten sie abfällig das »Cover Girl von *National Geographic*«.

»*Der Nachteil war natürlich, dass die Leute sie ansahen und sagten: ›Sie ist ja nur eine schöne junge Frau. Mehr nicht. Dadurch wurde sie berühmt, nicht durch ihre Leistungen.‹*«

Dale Peterson, Jane Goodalls Biograf, im Film »Jane´s Journey«

Inzwischen sind am Himmel über Gombe Wolken aufgezogen und kündigen einen Wetterumschwung an. Ein heftiger Windstoß weckt Jane Goodall aus ihren Erinnerungen. Sie verlässt »Jane´s Peak« und macht sich auf den Rückweg zu der Hütte, die damals, nach den ersten Anfangsjahren, anstelle der ursprünglichen Zelte errichtet worden war. Unterwegs stößt sie auf eine kleine Gruppe Schimpansen, einige erwachsene Tiere und ein Junges, das gerade die Welt unterhalb des grünen Blätterdaches für sich entdeckt. Keines der Tiere ist von Janes Auftauchen überrascht, und weil sie sich ganz behutsam weiter nähert und dann auf den Boden setzt, unterbrechen sie nicht einmal ihre Beschäftigungen. Ein Schimpanse kommt ganz nahe an sie heran und riecht neugierig an ihrem Schuh, und sie spricht ihn freundlich mit seinem Namen an: »Hallo, Gremlin, das ist doch nur ein Schuh.« Während sie mitten unter den Schimpansen sitzt und ihnen zusieht, denkt sie darüber nach, wie der junge Fotograf von der *National Geographic Society* damals auch ihr ganz persönliches Leben veränderte.

Hugo van Lawick war begeistert von dem, was er vor seine Kameralinse bekam, denn niemand vor ihm hatte solche Aufnahmen gemacht. Schnell akzeptierten die Schimpansen den neuen »weißen Affen« in ihrem Territorium und wurden von Tag zu Tag zutraulicher. Jane musste schließlich nicht mehr unbedingt hinaus in den Dschungel, die Schimpansen besuchten immer häufiger das Zeltlager, wo es für sie vieles zu entdecken gab. Neugierig, wie Schimpansen sind, inspizierten sie jeden Winkel des Lagers, und wenn ihnen etwas besonders interessant erschien, versuchten sie, es mitzunehmen, egal, ob es etwas zum Essen war, ein Kleidungsstück oder eine Wolldecke. Mit der Zeit begannen sie, mit Jane regelrecht zu spielen, es gibt davon traumhaft schöne Aufnahmen auf einem damals üblichen 8-mm-Film, meist gedreht von Hugo van Lawick, der die Schimpansen dafür sogar mit ihrer Lieblingsspeise Bananen anlockte, manchmal aber auch gedreht von Jane selbst oder von ihrer Mutter Vanne. Eine anrührende Filmsequenz zeigt, wie Jane um eine Palme herum mit einem Schimpansen Nachlaufen spielt, und offensichtlich hat dieser großen Spaß daran. Jedenfalls spielten die Schimpansen dieses Spiel später nach, nicht mit einer Palme, sondern mit einem Artgenossen, der unermüdlich immer wieder umrundet wurde. Umgekehrt lernten die Menschen von den Schimpansen, wie man das Angenehme mit dem Nützlichen verbindet. So ist in einer anderen kurzen Filmszene zu sehen, wie Hugo van Lawick hinter Jane sitzend in ihren langen blonden Haaren nach Schimpansenart »Fellpflege« betreibt, und sie scheinen es beide sehr zu genießen.

Doch nicht nur die Menschen und die Schimpansen kamen einander näher. Jane und Hugo waren in Gombe, mitten im Dschungel, zu zweit und fern von anderen Menschen, beide Mitte zwanzig und ungebunden. Die Liebe zur Wildnis und zu den dort lebenden Tieren hatte sie von Anfang an verbunden, und sie arbeiteten über Monate täglich eng zusammen mit der gleichen Zielrichtung: möglichst viel über das Leben der Schimpansen herauszufinden und in Schrift und Bild festzuhalten. Es blieb in dieser Situation nicht aus, dass sich die beiden ineinander verliebten. Ein Jahr darauf heirateten sie.

»Er trat genau zum richtigen Zeitpunkt in mein
Leben, wir produzierten gemeinsam wunderbare
Filme und wir produzierten einen wunderbaren
jungen Mann: unseren Sohn Grub.«

Jane Goodall im Film »Jane´s Journey«

Familienleben im Dschungel von Gombe

Janes und Hugos Sohn kam 1967 zur Welt. Seine Eltern liebten ihn abgöttisch und gaben ihm die Vornamen Hugo Eric Lewis, aber jeder rief ihn von Anfang an nur mit seinem Kosenamen »Grub«, was so viel bedeutet wie »kleiner Wurm«, und so ist es bis heute geblieben. Wie sich herausstellen sollte, war es gar nicht so einfach, mitten im Schimpansenreservat ein Kind großzuziehen, und so gab es in Janes Leben und in ihrer Arbeit grundlegende Veränderungen. Sie blieb zwar weiterhin in Gombe und studierte das Verhalten der Schimpansen, aber ihr Tagesablauf war ein anderer geworden. Die eigentliche Beobachtungsarbeit übernahmen jetzt studentische Kräfte, was möglich war, weil nach Bekanntwerden von Janes sensationellen Forschungsergebnissen plötzlich Geldmittel geflossen waren, und die Wissenschaftlergruppe in Gombe personell erheblich aufgestockt worden war. Jane befasste sich in den Vormittagsstunden meist mit Dokumentations- und Verwaltungsaufgaben, der Nachmittag gehörte ganz ihrem Sohn. Wenn sie arbeitete, war Grub unter ständiger Aufsicht, denn ihre Beobachtungen hatten die bis dahin unter den Primatenforschern vorherrschende Ansicht revidiert, dass Schimpansen reine Pflanzenfresser seien. Mehrfach hatte Jane gesehen, wie sie kleinere Tiere jagten, töteten und fraßen, einmal sogar eine kleine Gazelle. Es waren auch Fälle bekannt geworden, in denen Schimpansen menschliche Kinder getötet und verzehrt hatten, weil sie diese wahrscheinlich als Beutetiere betrachteten. Manchmal war es auch, wie Jane erlebt hatte, innerhalb der Gemeinschaft zu heftigen Aggressionen gekommen. Deswegen trafen Jane und Hugo entsprechende Schutzmaßnahmen:

Als Grub noch nicht laufen oder krabbeln konnte, sahen sich seine Eltern gezwungen, für ihn im Haus einen Käfig zu bauen und sein Gitterbett dort hineinzustellen, damit er vor Angriffen der Schimpansen sicher war. Das erwies sich im Nachhinein als notwendig, denn das Verhalten der Schimpansen gegenüber dem Menschenbaby in seinem Käfig war hochgradig aggressiv. Sobald sie zum Haus gelangten, sprangen sie gegen den Käfig, rüttelten an den Gitterstäben und stießen wütende Schreie aus.

>*Ich kann mich noch erinnern an den Lärm der Schimpansen, die sich draußen aufplusterten. Jedes Mal, wenn die größeren Männchen anfingen zu brüllen und am Käfig zu rütteln, waren das immer furchterregende Momente.*«

Grub, Jane Goodalls Sohn, im Film »Jane´s Journey«

Einmal kehrte Jane aus dem Wald zurück und hörte schon von Weitem furchterregendes Schimpansengeschrei aus dem Gebäude dringen. Sie wusste sofort: Diese Art von Schreien stoßen Schimpansen nur aus, wenn sie fleischliche Nahrung vor sich haben. Sie dachte sofort an Grub, panische Angst erfasste sie, und sie rannte, so schnell sie konnte, in Richtung Haus, in der sicheren Erwartung, dort eine entsetzliche Szene vorzufinden. Zu ihrer grenzenlosen Erleichterung war drinnen alles friedlich. Die grauenhaften Schimpansenschreie kamen von einem Tonband, das eine Studentin gerade abhörte. Sie hatte im Dschungel beobachtet, wie Schimpansen ein Tier jagten, und war dabei, die davon angefertigte Tonaufnahme auszuwerten.

Am Ufer des Tanganjikasees sitzend, vor sich die fast endlos erscheinende Wasserfläche, erinnert sich Jane Goodall an die wunderschönen ersten Lebensjahre ihres Sohnes. Grub verbrachte seine Kindheit meist in Gombe, teilweise aber auch in der Serengeti, wenn sich seine Eltern dort aufhielten, sein Vater Film- und Fotoaufnahmen von Löwen, Wildhunden oder Hyänen machte und seine Mutter ihm dabei assistierte.

Bevor Grub überhaupt richtig laufen gelernt hatte, konnte er schon schwimmen wie ein Fisch, und das sogar unter Wasser. Manchmal tauchte er im tiefen Wasser so lange unter, dass seine Eltern fürchteten, ihm könnte etwas passiert sein, aber dann erschien sein kleines, lachendes Gesicht wieder an der Oberfläche.

»*Das war eine sehr unbekümmerte Zeit, denn ich musste nicht zur Schule, als ich klein war. Ich war sehr frei. Ich verbrachte den ganzen Tag mit meinen*

Freunden im Dorf, spielte am Strand und schwamm
und angelte. Das war ein sehr unbeschwertes Leben.«

Grub, Jane Goodalls Sohn, im Film »Jane´s Journey«

»Ja, es waren glückliche Zeiten. Grub war ein Glücks-
pilz. Was hätte ich für eine Kindheit wie seine
gegeben!«

Jane Goodall im Film »Jane´s Journey«

Nur vor den Schimpansen hatte Grub von klein auf Angst,
was wohl von den schlimmen Erfahrungen herrührte, die er als
kleines Kind mit ihnen gemacht hatte. Einmal hatte sogar einer
von ihnen versucht, ihn von den Schultern seines Vaters herun-
terzureißen. Deswegen hielt er sich immer von ihnen fern und
spielte, als er älter wurde, tagsüber lieber am Seeufer oder im
Wasser. Erst gegen Abend sah er seine Eltern wieder, wenn sie
von ihrer Arbeit im Dschungel heimkehrten.

So sehr sich Jane und Hugo in ihren ersten gemeinsamen Monaten im Dschungel auch zueinander hingezogen gefühlt hatten, so wunderbar sie gemeinsam an ihrer Forschung arbeiteten

und so sehr sie ihren gemeinsamen Sohn liebten, von ihrem Wesen her waren sie letztlich grundverschieden. Hugo war eher extrovertiert, er fühlte sich unter Menschen wohl, stand gerne im Mittelpunkt und erzählte Witze und Geschichten. Er liebte gesellige Gesprächsrunden und feierte Partys. Jane hingegen, so beschreibt sie einer ihrer ältesten Freunde und Wegbegleiter, der damals in Gombe tätige Pavianforscher Dr. Antony Collins, war eher zurückhaltend und schon fast schüchtern.

Nach der Hochzeit hatte Jane auch feststellen müssen, dass ihr Mann offenbar eine ganz andere Beziehung zu Geld hatte als sie selber. Während sie bescheiden und genügsam war und mit dem zufrieden, was zum täglichen Leben notwendig war, pflegte Hugo eine gänzlich andere Lebensweise.

>*»Wenn er nach Gombe kam, brachte er immer*
>*Luxusartikel mit, an die wir sonst nicht drankamen.*
>*Lebensmittel, Getränke, Dinge aus Nairobi und so*
>*weiter.«*
>
>Dr. Antony Collins, Pavianforscher, im Film »Jane´s Journey«

Das alles war nicht so schlimm für Jane, doch die wirklich negative Seite im Wesen ihres Mannes wurde Jane erst später bewusst: Hugo van Lawick war ein außergewöhnlich eifersüchtiger und besitzergreifender Mensch. Wenn die beiden unter sich waren, in Gombe oder in der Serengeti, und in ihre gemeinsame Forschungsarbeit vertieft, dann war von dieser Charaktereigenschaft nichts zu spüren. Sie offenbarte sich erst in Gegenwart anderer Menschen. Denn Hugo war eigentlich keine starke Persönlichkeit, er war ein sehr unsicherer Mensch und konnte es nicht ertragen, wenn andere in die Nähe seiner Frau kamen oder sich mit ihr unterhielten.

> *»Ich durfte nicht mal Freundinnen haben. Er wollte*
> *mich ganz für sich.«*
>
> Jane Goodall im Film »Jane´s Journey«

Es war eine wunderschöne Romanze zwischen ihnen gewesen, wie Jane Goodall 1971 in ihrem erfolgreichen Buch »In The Shadow Of Man« (deutscher Titel: »Wilde Schimpansen«) schreibt, aber irgendwann erkannten die beiden, dass sie nicht zusammenbleiben konnten. 1974, nach zehn Jahren Ehe, ließen

sich Jane und Hugo scheiden. Es war ein sehr trauriger Lebens-
abschnitt, aber sie blieben Freunde, schon wegen Grub, der sie
beide gleichermaßen liebte.

Kurze Zeit später trat ein anderer Mann in Janes Leben. Derek
Bryceson war Direktor der tansanischen Nationalparks und Mitglied des Parlaments in Dar Es Salaam. Für jedermann war offensichtlich, dass sich Jane und er von Anfang an gut verstanden.

> *»Es funkte einfach. Sie waren ein tolles Paar.«*
> Dr. Antony Collins, Pavianforscher, im Film »Jane´s Journey«

Derek hatte im Krieg als Bomberpilot bei der Luftwaffe gedient, und sein Flugzeug war abgeschossen worden. Er war gerade einmal 19 Jahre alt, als ihm die Ärzte erklärten, dass er wegen seiner verletzten Wirbelsäule für den Rest seines Lebens im
Rollstuhl sitzen würde. Er hatte sich geweigert, diese Prognose
zu akzeptieren, und schaffte es mit eisernem Willen, dass er sich
schließlich mit nur einer Krücke auf seinen zwei Beinen fortbe-
wegen konnte.

Jane war von diesem außergewöhnlichen Mann, der trotz seines Schicksals einen beinahe schelmischen Humor besaß, fasziniert. Und auch Derek Bryceson fühlte sich zu Jane hingezogen und zeigte ihr seine Zuneigung auf ganz besondere Art. Derek war mit Leib und Seele Pilot, und der Absturz im Krieg und seine Behinderung hielten ihn nicht davon ab, das Nationalpark-Flugzeug selbst zu steuern. Wenn er an Gombe vorbeiflog, zog er eine Schleife, hielt die Maschine parallel zum Ufer und ging dann ganz tief hinunter über die Wasserfläche des Tanganjikasees.

>»Aus dem Flugzeug kam ein Gegenstand aus Plastik,
>der in den See fiel. Ich musste in den See waten und
>ihn herausholen. Darin war eine rote Rose. Das war
>sehr süß ... sehr romantisch.«
>
>Jane Goodall im Film »Jane´s Journey«

Auf der anderen Seite konnte Derek aber auch sehr launisch und rücksichtslos ehrlich sein, und es kam vor, dass er tagelang nicht mit Jane sprach. Wie sich Grub erinnert, hatten die beiden eine Beziehung mit Höhen und Tiefen, standen sich aber gleichzeitig sehr nahe. Derek wurde 1975 Janes zweiter Ehemann.

Wenige Jahre später musste sich Derek wegen starker Schmerzen im Bauchbereich in London ärztlich untersuchen lassen, und zu Janes Bestürzung wurde bei ihm ein Darmtumor festgestellt. Er wurde operiert, aber in seinem ganzen Körper hatten sich bereits Metastasen festgesetzt, und sein Krebs wurde als unheilbar eingestuft. Die tödliche Krankheit brachte Jane und Derek noch näher zusammen, sie wich nicht mehr von der Seite ihres Mannes. »Ohne dich würde ich das alles wohl nicht durchstehen«, sagte er zu ihr. Aber alles Hoffen war letzten Endes vergeblich, Derek starb nur wenige Monate nach der Diagnose in einer alternativen Krebsklinik in Hannover. Das Schicksal hatte Jane und ihm gerade einmal fünf gemeinsame Jahre vergönnt.

»Als er an Krebs starb, war sie am Boden zerstört.«

Grub, Jane Goodalls Sohn, im Film »Jane´s Journey«

Nach Dereks Tod begann für Jane eine furchtbare Zeit. Er war für sie wie ein Seelenverwandter gewesen, und jetzt, ohne ihn, verspürte sie eine entsetzliche Leere in ihrem Inneren. Sie zog sich allein in den Urwald zurück, nach Gombe, ihre spirituelle Heimat, und blieb dort für mehrere Wochen.

»Da kann ich im Wald sein, ich habe den Wasserfall und den Berggipfel. Dort herrscht eine Art Zeitlosigkeit und das Gefühl, dass alles Leben miteinander zusammenhängt.«

Jane Goodall im Film »Jane´s Journey«

Nach einiger Zeit verspürte sie die heilende Wirkung dieses ihr so vertrauten Ortes und merkte, dass die Kraft in sie zurückkehrte, die sie brauchte, um den schmerzlichen Verlust zu verarbeiten. »Das Leben geht weiter«, erkannte sie und beschloss, dort weiterzumachen, wo sie aufgehört hatte, als bei ihrem Mann der Krebs festgestellt worden war.

»... entweder man gibt auf, oder man ›gürtet seine Lenden‹, wie es in der Bibel heißt, man bricht auf und sagt: ›Ich bin noch da, ich habe eine Aufgabe zu erfüllen.‹«

Jane Goodall im Film »Jane´s Journey«

Wie der Pavianforscher Dr. Antony Collins erzählt, kümmerte sich Jane von diesem Moment an nur noch um ihre Arbeit und um ihre Familie. Und mehr als vorher widmete sie ihre Zeit der Forschung an den Schimpansen und den weltweiten Vorträgen über deren Verhalten. Und so sehr Jane ihren verstorbenen Mann Derek auch vermisste, ihr wurde klar, dass sie ein so arbeitsreiches Leben mit ihm niemals hätte führen können. Denn ähnlich wie Hugo war auch Derek sehr eifersüchtig gewesen und hätte für ihre häufigen Abwesenheiten kein Verständnis aufgebracht.

> *»Ich habe nacheinander zwei eifersüchtige Männer geheiratet.«*
>
> Jane Goodall im Film »Jane´s Journey«

Chicago — der Wendepunkt in Jane Goodalls Leben

1986 veröffentlichte Jane ihr wissenschaftliches Hauptwerk »The Chimpanzees of Gombe. Patterns of Behaviour« und erregte damit weltweites Aufsehen. Die von ihr im Buch beschriebenen, sensationellen Erkenntnisse über die Schimpansen nahm die Akademie der Wissenschaften in Chicago zum Anlass, noch im gleichen Jahr eine viertägige Konferenz mit dem

Titel »Understanding Chimpanzees« zu veranstalten, die zum besseren Verständnis der Schimpansen, ihres Verhaltens und ihrer Lebensweise beitragen sollte. Alle Forscher, die sich in Afrika mit dem Leben der Schimpansen in freier Wildbahn befassten, waren anwesend. Für Jane sollte diese Konferenz einen Wendepunkt in ihrem Leben bedeuten.

Neben der Behandlung vieler rein wissenschaftlicher Themen gab es dort auch ein Seminar über Natur- und Artenschutz, in dem Biologen anhand von Berichten, Dias und Filmen demonstrierten, wie die natürlichen Lebensräume der Schimpansen durch Einwirkung des Menschen auf die Natur immer weiter zerstört wurden, wie ihre Populationen immer weiter zusammenschrumpften und ihre Zahl immer mehr abnahm. Ursache dafür waren aber nicht allein die Ausbreitung des Menschen und die fortschreitende Abholzung der Wälder – die Schimpansen wurden auch systematisch gejagt und getötet. Jane sah schockierende Fotos von Schimpansen, die tot oder lebend in Fallen gefangen worden waren, um entweder als Nahrung zu dienen oder verkauft zu werden. Sie sah Filme, in denen gezeigt wurde, wie die kleinen toten Körper zu küchengerechten Stücken zerhackt wurden. Sie wusste, dass Schimpansen immer gejagt worden waren, aber nun hatte ihre

Verfolgung ein Ausmaß angenommen, das zu ihrer Ausrottung führen würde. Nicht überall lebten Schimpansen so geschützt und unter so hervorragenden Bedingungen wie im Gombe-Nationalpark. Jane wurde schlagartig klar, dass sie eigentlich vom Aussterben bedroht waren.

Ein weiteres Seminar bei diesem Kongress befasste sich mit den oft entsetzlichen Bedingungen, unter denen Schimpansen insbesondere in medizinischen Versuchslabors gehalten wurden. Man zeigte Bilder von Schimpansen, denen man eine Nummer auf die Brust tätowiert hatte und die apathisch auf dem kahlen Betonboden von Käfigen hockten, die vielleicht anderthalb Meter im Quadrat maßen. Sie waren als Jungtiere eingefangen worden, nachdem man ihre Mütter, die sie verteidigen wollten, erschossen hatte. Jane hatte ein Vierteljahrhundert lang im Gombe-Nationalpark die Lebensweise der Schimpansen in ihrem angestammten Lebensraum verfolgt. Für sie war die Vorstellung unerträglich, dass diese ihr in Jahrzehnten so vertraut gewordenen Wesen ihr ganzes Leben lang – bei normaler Lebenserwartung 50 bis 60 Jahre – auf engstem Raum und hinter Gitterstäben verbringen sollten und dort auch sterben würden, ohne ein einziges Mal die Freiheit des Dschungels kennengelernt zu haben.

Jane war als Forscherin zu dieser Konferenz gefahren und sie hatte sich vorgestellt, danach wieder nach Gombe zurückzukehren, um ihr idyllisches Leben im Urwald, das sie so sehr liebte, weiterzuführen, um dort weiterhin Schimpansen und ihr Verhalten zu beobachten und um Daten über sie zu sammeln und auszuwerten. Aber die vier Tage der Konferenz in Chicago hatten einen völlig anderen Menschen aus ihr gemacht.

> *»Doch als ich zurückkehrte, wusste ich, dass ich nach*
> *all dem, was die Schimpansen mir gegeben hatten,*
> *nun etwas tun musste, um ihnen zu helfen. Also*
> *wurde ich zur Aktivistin.«*
>
> Jane Goodall im Film »Jane´s Journey«

Von diesem Zeitpunkt an ging sie mindestens drei Viertel eines Jahres auf Reisen, hielt Vorträge, besuchte Forschungslabors und die dort tätigen Wissenschaftler, traf sich mit den führenden Politikern afrikanischer Staaten und war selten länger als drei Wochen an einem Ort. Noch heute kommt es ihr eigenartig vor, wie radikal sie damals den Entschluss fasste, ihr Leben zu ändern, Gombe zu verlassen und in die Welt hinauszugehen, um sich mit all ihrer Energie für die Sache der Schimpansen einzusetzen.

>*Von der absoluten Einsamkeit kam ich in die Welt der Menschen, der Hotels, der Vortragsorte und Sitzungen, nonstop von 1986 bis heute. Was für ein Glück, dass ich den Frieden der Wälder im Herzen trage.*«

Jane Goodall im Film »Jane´s Journey«

Jane Goodall — Citizen of the World

Denver, Colorado, USA, 18. März 2009

Der große Saal der *Colorado Academy* ist fast bis auf den letzten Platz besetzt. An diesem Abend steht die Verleihung des *Citizen of the World Award* an, eines Preises, der jährlich verliehen wird, um Persönlichkeiten zu ehren, die sich um die

Motivation der jungen Generation besonders verdient gemacht haben.

Der Moderator kündigt die Preisträgerin des Jahres 2009 mit den Worten an: »Wenn es im Naturschutz Rockstars gäbe, wäre diese Frau Mick Jagger, Bob Dylan, John Lennon und Elvis in einer Person. Dr. Goodall, David und ich überreichen Ihnen den *Citizen of the World Award*.«

Beifall brandet auf, als Jane Goodall mit ihrem Maskottchen »Mr. H.« auf dem Arm aus den Kulissen hervortritt und nach vorn zum Bühnenrand geht. Die Zuschauer erheben sich von ihren Sitzen und applaudieren begeistert. Jane Goodall begrüßt den Moderator und den Direktor von Global Explorers, David Shurna. Fast ein wenig verlegen lächelnd genießt sie am Rednerpult stehend eine Weile den Applaus, winkt kurz ins Publikum und wartet, bis die Menschen wieder Platz genommen haben, bevor sie mit ihren Worten beginnt: »Vielen Dank für diesen wunderbaren Empfang. Ich möchte sagen, wie geehrt ich mich durch diesen Preis fühle. Ich kann das nur mit Worten ausdrücken. Wäre ich ein Schimpanse, würde ich es anders sagen. Wenn sie aufgeregt sind und sich über etwas freuen ... Ich zeige ihnen mal, was sie machen, wenn sie etwas bekommen.«

Sie geht auf die beiden Männer zu, die sie noch wenige Minuten zuvor förmlich mit Handschlag begrüßt hat, umarmt sie nacheinander herzlich und stößt dabei eine in Tonhöhe und Länge ansteigende Folge kurzer Juchzer aus: »uh – uh – uuh – uuh – uuuh« – so wie eben ein Schimpanse seine überschwängliche Freude und Begeisterung ausdrücken würde.

»Sie ist ein Star. Sie liebt es, ein Star zu sein. Sie liebt es, auf der Bühne zu stehen. Sie liebt es, sich mit Menschen auszutauschen. Aber das kommt nicht aus ihrem großen Ego heraus, sondern ... sie hat etwas zu sagen. Und sie macht das gut.«

Pierce Brosnan im Film »Jane´s Journey«

»Jane Goodall in drei Sätzen? Okay ... Jane Goodall ist ... ein wunderbarer Mensch. Eine großartige Seele.«

Robert Whitemountain, Lakota-Indianer, im Film »Jane´s Journey«

Jane Goodall tritt wieder hinter das Rednerpult, und es ist ein beeindruckendes Erlebnis, wie diese zierliche ältere Dame den riesigen Saal mit ihrer Anwesenheit ausfüllt, wie sie es schafft, ihre sicherlich tausend Köpfe zählende Zuhörerschaft mit ihren Worten vollkommen in ihren Bann zu ziehen.

> *»Sie mag vielleicht zerbrechlich wirken, aber gleich-*
> *zeitig ist sie eisenhart.«*
> Dale Peterson, Jane Goodalls Biograf, im Film »Jane´s Journey«

> *»Sie hat eine enorme Präsenz, sie ist eine Visionärin,*
> *hat einen wunderbaren Humor, eine unendliche*
> *Freundlichkeit und außergewöhnliche Geduld.«*
> Mary Lewis, Jane Goodalls Assistentin, im Film »Jane´s Journey«

Sie muss nicht einmal ihre Stimme erheben, denn im Saal ist es ganz still, als sie wieder zu sprechen beginnt und erzählt, wie sie als Kind anfing, ihren großen Traum zu träumen: »Viele von ihnen kennen ›Dr. Dolittle‹ ...« Und dann fährt sie fort: » ... Sie kennen sicher nur den Film, aber ich las die Bücher. Dr. Dolittle

bringt Zirkustiere nach Afrika zurück. Dieses Buch liebte ich.«
Sie schildert weiter, wie sie mit zehn Jahren das Buch ›Tarzan‹
für sich entdeckte und sich, wie Mädchen in diesem Alter sind,
schwärmerisch in den Titelhelden, den Herrn des Dschungels,
verliebte. »Und was tat er?«, fügt sie dann schmunzelnd hinzu.
»Er heiratete die andere – jämmerliche – Jane!«, was bei ihren
Zuhörern ein fröhliches Lachen hervorruft. Und diese Bücher,
erklärt Jane Goodall, hatten dazu geführt, dass sie davon zu
träumen begann, eines Tages nach Afrika zu gehen, mit Tieren
zu leben und darüber zu schreiben.

»*Wenn man ihre Vorträge hört ... wie sie Geschichten
erzählen kann ... Sie ist wirklich ein einzigartiger
Mensch. Ich sage immer, sie ist ein Engel auf zwei
Beinen.*«

Erasto Njavike, Mitbegründer von »Roots & Shoots«,
im Film »Jane´s Journey«

Jane Goodall weiß, dass ihr Publikum etwas hören will über
die Schimpansen, die Lebewesen, durch deren Erforschung sie
weltbekannt geworden ist, mit denen die Menschen 99 Prozent

der genetischen Informationen gemeinsam haben und sich trotzdem so sehr von ihnen unterscheiden. Aber zunächst stellt sie eine provokante Frage: »Wenn wir doch unbestritten die intelligentesten Wesen sind, die je den Planeten bevölkert haben, wie kommt es dann, dass wir diesen Planeten zerstören? Wie kommt es, dass wir unsere einzige Heimat zerstören?« Dann berichtet sie über die Schimpansen: »Sie ähneln uns mehr als jedes andere Wesen«, sagt sie, »und deshalb ist das ein wunderbarer Ausgangspunkt, um zu sagen: ›Okay, aber wir sind anders.‹ Schimpansen halten keine Vorträge in Hörsälen. Schimpansen schießen keine Raketen auf den Mond. Wir haben schon Schimpansen in den Weltraum geschossen. Doch sie wurden nicht gefragt. Wenn sie uns in Raketen stecken könnten, würden sie wohl hoffen, dass die Rakete nie zurückkommt.« Wieder lachen ihre Zuhörer, und Jane Goodall hat erreicht, was sie wollte. Ihre Botschaft ist angekommen, und nicht nur das, sie hat sich tief in die Herzen der Menschen hineingegraben und wird dort bleiben.

»Sie hat einfach die Fähigkeit, uns zu verzaubern. Sie ist eine große Vermittlerin.«

Pierce Brosnan im Film »Jane´s Journey«

Jane Goodall kommt wieder auf die Frage zurück, die sie anfangs in den Raum gestellt hatte: Warum die Menschen trotz ihrer Intelligenz alles tun, um den Planeten, auf dem sie leben, zu zerstören. Den Grund dafür sieht sie in der heute weitverbreiteten kurzfristigen Denkweise, die dazu führt, dass die Menschen nur noch an sich selber denken und an das, was ihnen in der allernächsten Zeit von Nutzen sein könnte.

> *»Die Tatsache, die Dr. Goodall genannt hat, dass man sechs Planeten brauchen würde, um unseren Lebensstil und den Lebensstandard der USA für alle Menschen zu ermöglichen ... Das öffnet einem wirklich die Augen, um es vorsichtig auszudrücken.«*
>
> Veranstaltungsbesucher im Film »Jane´s Journey«

»Wir haben wohl das verloren, was man Weisheit nennt«, erklärt sie. »Etwas, das amerikanische Ureinwohner kannten, wenn sie Entscheidungen trafen: Sie fragten sich, welche Auswirkungen ihre Entscheidung auf die nächsten Generationen ihres Volkes haben würde. Wir fragen uns nur: ›Welche Auswirkungen hat das jetzt für mich? Oder wie wirkt es sich auf die nächste Aktionärsversammmlung aus? Welche Auswirkungen hat es auf meinen Wahlkampf?‹ Diese Kriterien wenden wir bei wichtigen Entscheidungen an.«

Aber Jane Goodall belässt es nicht bei diesen Vorwürfen, sie gibt ihren Zuhörern, die aufmerksam an ihren Lippen hängen, auch die Hoffnung, dass es noch nicht zu spät sei, um etwas zu ändern und um in Zukunft die Lebensbedingungen nicht nur für die Schimpansen, sondern für alle auf unserem Heimatplaneten zu verbessern. Besonders die Jugend ist dabei gefragt: »Vor allem die jungen Leute machen mir Hoffnung«, meint sie. »Zusammen mit der Widerstandsfähigkeit der Natur und dem unbeugsamen Willen der Menschen, veranschaulicht durch den blinden Zauberer Gary Haun und Leute wie Nelson Mandela.«

Allerdings, so fügt sie hinzu, könne es Änderungen nur geben, wenn jeder mitmacht und jeder bei sich anfängt: »Wir haben noch genug Zeit, aber es kommt auf uns an. Wir alle müssen in unserem täglichen Leben kleine Entscheidungen treffen, um kleinere ökologische Fußabdrücke zu hinterlassen und denen zu helfen, die sonst kein Gehör finden.«

Jane Goodall beschließt ihre Rede mit diesen Worten, und wieder stehen die Menschen im Saal geschlossen auf und applaudieren ihr begeistert im Stehen, wofür sie sich freundlich lächelnd mit einem schlichten Aneinanderlegen ihrer Hände bedankt.

>»Ich wurde mit der Maxime groß: ›Du bist jung, aber deine Hoffnung schwindet.‹ Aber dadurch, dass ich ihre Hoffnung sehe, obwohl sie nicht mehr 20 ist, hoffe ich, dass wir Dinge beheben können, die irreparabel erscheinen.«*
>
> Junge Veranstaltungsbesucherin im Film »Jane´s Journey«

>»Es ist schön, eine Frau zu sehen, die sich nicht nur um die Schimpansen kümmert, sondern sie ist eine Frau des Friedens, der Einigkeit und der Gleichberechtigung. Darum geht es ihr.«*
>
> Junger Veranstaltungsbesucher im Film »Jane´s Journey«

Aber der Abend ist noch nicht zu Ende, und Jane Goodalls Arbeit ist noch nicht ganz getan. Denn draußen vor dem Saal möchten ihr viele der Besucher die Hand schütteln und ihr danken. Bücher werden ihr gereicht, die sie geduldig signiert, und für jeden hat sie ein paar freundliche Worte übrig. Sie hat die Menschen im Saal aufgerüttelt an diesem Abend, sie werden anderen davon erzählen, und so hat Jane Goodall wieder ein weiteres Stück ihrer Lebensaufgabe erfüllt, die sie sich 25 Jahre zuvor selbst gegeben hat.

»Ich finde, sie ist wie ... wie eine Kerze, mit der man eine andere Kerze anzündet. Jane Goodall ist eine dieser Kerzen, die andere Kerzen entzündet, und zwar ständig. Tausende auf einmal.«

Gary Haun, blinder Zauberer, im Film »Jane´s Journey«

Konflikte zwischen Mutter und Sohn

Für Jane Goodall waren die Beobachtung der Schimpansen in Gombe und die Forschungsarbeiten auf dem Gebiet der Verhaltenslehre zentrale Punkte ihres Lebens. Später, nach der Konferenz in Chicago, war es der Einsatz für die Erhaltung von Natur und Umwelt, dem sie unermüdlich ihr Leben und ihr Schaffen widmete, und so ist es bis heute geblieben. Von unzähligen Menschen wurde und wird sie dafür bewundert, aber es gab eine Zeit, da war es ausgerechnet ihr Sohn Grub, der mit dem, was seine Mutter tat, seine Probleme hatte.

> *»Ich war über viele Jahre nicht einverstanden mit*
> *ihrer ... Ich würde sagen, sie war besessen, von dem,*
> *was sie tat. Ich war sehr dagegen und vertrat die*
> *Ansicht, dass sie ... bodenständiger und normaler*
> *werden sollte.«*
>
> Grub, Jane Goodalls Sohn, im Film »Jane´s Journey«

Vielleicht hatte seine Abneigung ihren Ursprung in den frühen Erfahrungen mit den Schimpansen, deren Erforschung seine Mutter mit Leidenschaft betrieb, die ihm aber von klein auf Unbehagen bereitet hatten. Stattdessen fühlte er sich – wie schon als Kind – auch in späteren Jahren zum Wasser hingezogen. Diese Vorliebe führte schließlich dazu, dass er mit 21 Jahren Sportfischerkapitän wurde und als Hochseeangler aufs Meer hinaus fuhr. Danach begann er mit dem Export lebender Hummer nach Asien. Während er die Sportfischerei noch eher als Hobby angesehen hatte, ging es ihm mit seiner neuen Tätigkeit ausschließlich darum, in möglichst kurzer Zeit möglichst viel Geld zu verdienen. Grub baute sein Unternehmen immer weiter aus und beschäftigte schließlich 50 Mitarbeiter, dazu kamen noch einmal 100 Taucher. Die Verantwortung, die er für diese vielen Menschen zu tragen hatte, raubte ihm nachts häufig den Schlaf. Für Jane Goodall hingegen war die Tatsache, dass ihr eigener Sohn Handel mit lebenden Tieren betrieb, nicht hinnehmbar. Sie sagte ihm das auch ganz offen, und es kam deswegen zu Konflikten zwischen ihr und ihrem Sohn.

>>*Als er in die kommerzielle Krebsfischerei einstieg, war ich sehr traurig. Und er wusste, dass ich das hasste.*<<

Jane Goodall im Film »Jane´s Journey«

Grub erinnert sich, dass es die Frage seiner Mutter nach der Zukunft seiner eigenen Kinder war, die ihn veranlasste, den Hummerhandel aufzugeben und der Denkweise seiner Mutter zu folgen. »Wie werden denn deine Kinder in 20 oder 30 Jahren leben?«, hatte sie ihn gefragt. »Und deren Kinder?« Das hatte Grub zum Nachdenken gebracht.

Heute sieht er es als einen großen Fehler an, dass er seinerzeit die Hochseefischerei aufgab und sich ganz der Geschäftemacherei widmete. Denn die Arbeit als Kapitän seines eigenen Schiffes und das Hinausfahren aufs Meer hatten ihm Freude und Zufriedenheit gegeben. Beim Hummergeschäft hingegen war es ihm nur um immer mehr Erfolg und immer mehr Geld gegangen. Es war fast wie eine Sucht gewesen, und über dem Drang, diese Sucht täglich zu befriedigen, hatte Grub völlig vergessen, dass das Leben auch schöne Seiten bereithält.

>»Das war wie ein Spiel. In vielerlei Hinsicht war es wie
>ein Glücksspiel. Man will so viel Geld wie möglich
>verdienen und verliert die Lebensfreude. Man hat
>keine schönen Stunden mehr mit der Familie und
>genießt nicht den Moment. Durch diese geschäftliche
>Besessenheit habe ich viele Jahre verloren.«
>
>Grub, Jane Goodalls Sohn, im Film »Jane´s Journey«

Grub ist inzwischen auf dem Gebiet des »sanften Tourismus« tätig, und führt Menschen an ganz besondere Orte, ohne dass in die dortige Natur eingegriffen wird. Darüber hinaus hilft er den

Fischern am Tanganjikasee, ihre Tätigkeit in möglichst umwelt-schonender Weise auszuüben. Er hat aus seinen Fehlern gelernt und erkannt, dass es ein Irrweg gewesen war, nur an den eige-nen, kurzfristigen Erfolg zu denken und nicht daran, wie seine Kinder und Enkelkinder in Zukunft auf dieser Erde leben wür-den. Aber auch seine Mutter hatte etwas festgestellt: wie wichtig es war, nicht nur seinen eigenen, sondern allen Kindern dieser Welt den Weg aus der Katastrophe aufzuzeigen und ihnen die richtigen Werte auf die richtige Art und Weise zu vermitteln. Sie merkte: Sie musste etwas tun, um die Jugend dieser Welt da-von abzuhalten, ihren Planeten weiter zu zerstören, so wie es die Generationen vor ihnen getan hatten. Und in ihrem Kopf begann eine Idee langsam Gestalt anzunehmen.

> *»Vom ersten Moment an, als ich Gombe verließ,*
> *wusste ich, dass ich etwas mit Kindern machen*
> *wollte, dass man das Verständnis bei ihnen wecken*
> *muss, solange sie jung sind. Ich bewegte diese Sache*
> *im Kopf, ich sprach in Schulen auf meinen Vortrags-*
> *reisen, ich redete mit Leuten, die mit Kindern*
> *arbeiten, ...«*
>
> Jane Goodall im Film »Jane´s Journey«

Die Gründung von »Roots & Shoots«

Im Jahre 1991 war es soweit, Jane Goodall und zwölf Schülerinnen und Schüler einer tansanischen Schule gründeten »Roots & Shoots«. Der Kerngedanke dieser Organisation, die sich besonders an Kinder und Jugendliche wendet, ist bis heute, dass jedes Individuum zählt und dass jeder eine Veränderung herbeiführen kann, indem er aktiv die Probleme angeht, die Menschen auf der Erde verursachen – die Vernichtung der Wälder, den Klimawandel, die Verschmutzung von Erde, Wasser und

Luft, alles hervorgerufen durch menschliche Gier, durch Verbrechen und durch Krieg. »Roots & Shoots« soll jungen Menschen Hoffnung geben. Das Wort »Roots« steht dabei für die Wurzeln, die sich in der Erde verzweigen und mit ihrem Geflecht eine feste Grundlage bilden. »Shoots«, die Schösslinge oder Sprösslinge, erscheinen auf den ersten Blick schwach und zart, aber um ans Licht zu kommen, sind sie fähig, Mauern zu durchbrechen. Beides zusammen, »Roots & Shoots«, steht für die Jugend dieser Welt, für Hunderte und Tausende junger Menschen, die Mauern durchbrechen, damit die Welt wieder ein lebenswerter Ort wird.

Heute ist »Roots & Shoots« eine Jugendorganisation, die mit mehr als 10 000 Gruppen in 120 Ländern dieser Erde vertreten ist und ständig weiterwächst. In einem Brief an ihre Schwester Judy erinnert sich Jane Goodall, aus welchen kleinen Anfängen sich »Roots & Shoots« zu der heutigen weltumspannenden Bedeutung entwickelt hat:

Dar Es Salaam, 10. Januar 2009

Liebe Judy, heute sagte mir mein alter Freund Nsaa-Iya, er habe eine Überraschung für mich. Er hatte sechs der zwölf Gründungsmitglieder von Roots & Shoots kontaktiert, und sie warteten auf der Veranda meines Hauses, wo alles begonnen hatte.

Ich erinnere mich genau an den Tag, als die Schüler von der Grausamkeit um sie herum erzählten, von der Umweltzerstörung, von der Verschmutzung des Meeres und den kaum noch essbaren Fischen. Viele ihrer Freunde waren ohne Hoffnung, weil die Welt so verdorben war.

Was für eine wichtige Idee an diesem Tag geboren wurde! Sie beschlossen, die Dinge selbst in die Hand zu nehmen. Sie und ihre Freunde konnten tatsächlich etwas bewirken. ...

»*Meine Vision für Roots & Shoots besteht darin, eine weltweite Gruppe von jungen Menschen zu bilden, die andere Werte haben und begreifen, dass Geld nicht alles ist. Wir brauchen Geld zum Leben, aber wir sollten nicht für das Geld leben. Junge Menschen, die begreifen, dass Geld nicht unbedingt glücklich macht, wenn man mehr hat, als man braucht.*«

Jane Goodall im Film »Jane´s Journey«

Als Jane Goodall, begleitet von ihrem Freund Nsaa-lya Ki-hunrwa, auf ihr Haus in Dar Es Salaam zugeht, wartet auf der Veranda schon eine buntgemischte Gruppe von Menschen auf sie. Aus den damaligen Schülern sind nach fast zwanzig Jahren erwachsene Leute geworden, aber sie stehen immer noch zu ihrem seinerzeitigen Entschluss, die Situation zu ändern, und geben ihre Überzeugung bereits an ihre eigenen Kinder weiter. Jane Goodall begrüßt alle mit einer herzlichen Umarmung.

»Sie hielt einen Vortrag in meiner Schule und sprach über die Schimpansen, über die Gefühle der Tiere, die Gesellschaft, die Umwelt ... Sie versuchte, uns die Rolle der Jugend zu erklären. Die eindringlichste Botschaft war, dass Tiere genauso Schmerzen empfinden, wie Menschen sie empfinden.«

Erasto Njavike, Mitbegründer von »Roots & Shoots«, im Film »Jane´s Journey«

Die Grundidee von »Roots & Shoots« ist einfach: Jede der über die ganze Welt verteilten Jugendgruppen soll drei Projekte auswählen und sie durchführen: eins für ein besseres Leben der Menschen, eins für die Tiere und eins für die Umwelt. Aber auch, wenn es nur ein einziges Projekt ist, das sich eine Gruppe vornimmt: Wichtig ist, dass überhaupt etwas getan wird, getreu dem Motto: Jeder Schritt zählt. Denn der Leitgedanke, der sich durch das Programm von »Roots & Shoots« zieht, ist folgender: Junge Menschen sollen lernen, in Frieden und Harmonie zusammenzuleben, sowohl in den verschiedenen Gesellschaften, Religionen und Kulturen und zwischen den Nationen, wie auch zwischen Mensch und Natur. Dabei kommt es oftmals zu Begegnungen, die unter den gegebenen Umständen eigentlich gar nicht zustande kommen dürften.

»Letztes Jahr kamen Mitglieder von Roots & Shoots aus verschiedenen Erdteilen zusammen. Es war etwas Einzigartiges, einen Jungen aus Palästina und jemanden aus Israel zu sehen, die sich an einen Tisch setzten und über den Frieden diskutierten, und darüber, was sie tun können, um in ihrer Heimat Frieden zu schaffen. Sie gründen Clubs in Israel und Palästina und führen die Leute zusammen.«

Erasto Njavike, Mitbegründer von »Roots & Shoots«,
im Film »Jane´s Journey«

In den Anfängen hatte Jane Goodall teilweise erhebliche Überzeugungsarbeit zu leisten, denn nicht jeder sah das hohe Potenzial, das in ihrer Idee steckte. Vor allem ihre Vorstellung, dass man nach der Philosophie von »Roots & Shoots« Menschen, Tiere, Pflanzen und Umwelt als Einheit sehen und auch als Ganzes schützen und erhalten müsse, stieß innerhalb ihres eigenen Instituts auf Unverständnis, weil man sich dort häufig nur einseitig dem Tier-, dem Natur- oder dem Minderheitenschutz verpflichtet fühlte. Doch Jane Goodall ließ so etwas nicht gelten: »Nein«, hatte sie gesagt, »›Roots & Shoots‹ ist ein wichtiges Programm, es geht um die Kinder! Kinder retten die Welt.

Wenn wir das Licht nicht sehen, sehen es die Kinder. Das liegt in ihrer Natur.«

> *»Sie machte Roots & Shoots zu dem globalen*
> *Programm, das es heute ist. Damit wird so viel*
> *erreicht, was niemand von uns, mich eingeschlossen,*
> *vorausgesehen hat, außer Jane Goodall. So ist diese*
> *Frau. Sie nimmt etwas in die Hand, formuliert es,*
> *bringt es zum Laufen und motiviert uns, es zu*
> *vermarkten. Das ist absolut brillant.«*
>
> Michael Aisner, ehemaliger Mitarbeiter des Jane Goodall Instituts, im Film »Jane´s Journey«

Jane Goodall, Friedensbotschafterin der Vereinten Nationen

New York City, 16. April 2002

In einem Konferenzzimmer im Hauptquartier der Vereinten Nationen wartet eine kleine Gruppe von Menschen auf das Erscheinen des UNO-Generalsekretärs Kofi Annan. Unter ihnen ist auch Jane Goodall, denn ihr soll an diesem Tag eine ganz besondere Ehre zuteil werden.

Kofi Annan betritt den Raum und geht gleich auf Jane Goodall zu. Er begrüßt sie freundlich, gibt ihr die Hand und küsst sie dann auf die Wangen. Dann wendet sich der Generalsekretär der Vereinten Nationen dem zweitwichtigsten Gast des Tages zu, der geduldig auf dem Besprechungstisch sitzt. »Da ist ja mein Freund!«, lacht Kofi Annan und nimmt Jane Goodalls ständigen Begleiter, das Stoffäffchen »Mr. H.«, in die Hand. »Er war schon in der ganzen Welt«, erklärt ihm Jane Goodall, »40 Länder in vier Jahren!«

»Berühren Sie ihn«, ermuntert sie den Generalsekretär dann, »so überträgt sich die Inspiration des Mannes, der ihn mir gab.« – »Das ist gut, dann sollte ich ihn berühren«, meint Kofi Annan strahlend und streicht dem kleinen Stoffmaskottchen unter dem Gelächter und dem Applaus der Umstehenden über den Kopf.

Jetzt folgt der offizielle Teil der kleinen Veranstaltung: Der Generalsekretär verleiht Jane Goodall den Titel einer Friedensbotschafterin der Vereinten Nationen und heftet ihr die Insignien ihres neuen Ehrenamtes an ihren Rollkragen. Jane Goodall lächelt glücklich, denn sie weiß, dass sie ihre Bemühungen für ein besseres Zusammenleben der Menschen aus dieser neuen Position heraus deutlich besser voranbringen wird.

»Der Grund dafür, dass Kofi Annan mich zur Botschafterin des Friedens ernannte, war Roots & Shoots, denn ich hatte ihm erklärt, dass dies ein Programm ist, in dem junge Leute aus verschiedenen Ländern dieselbe Philosophie haben: ›Wir müssen lernen, in Harmonie und Frieden zu leben. Nicht nur miteinander, sondern auch mit der Natur. Denn wenn wir morgen alle Waffen niederlegen, aber nicht in Harmonie mit der Natur leben, brauchen wir die Waffen bald, weil wir um Wasser und die letzten Bodenschätze kämpfen.‹

Wir müssen die jungen Menschen in ihrem Kampf unterstützen, unserem Handeln auf diesem kostbaren Planeten eine neue Richtung zu geben, ehe es zu spät ist.«

Jane Goodall im Film »Jane´s Journey«

Boise, Idaho

Als Jane Goodall morgens von ihrem Hotelzimmer hinunter in die Lobby kommt, wird sie bereits erwartet. Sie begrüßt die kleine Gruppe, schüttelt Hände. Ein Junge von etwa zwölf Jahren kommt auf sie zu und stellt sich vor: »Hi, ich bin Chandler Schaak.« Er ist an diesem Tag als Jugendreporter von »Roots & Shoots« unterwegs, und Jane Goodall gibt ihm freundlich die Hand. »Und du kommst mit in den Zoo und stellst mir Fragen?«, meint sie.

Zusammen mit Chandler verlässt sie das Hotel und besteigt einen bereitstehenden Geländewagen mit Fahrer, der sie zum Zoo von Boise bringen soll. Chandler setzt sich hinter sie auf die Rückbank. Gleich, nachdem sich der Wagen in Bewegung gesetzt hat, schaltet er sein Diktiergerät ein und beginnt das Interview mit den einleitenden Worten: »Hallo, Jane Goodall, darf ich Ihnen ein paar Fragen stellen?« – »Klar!« – »Gut!« Chandler hält das Diktiergerät so, dass Jane Goodall, die sich vom Beifahrersitz aus zu ihm hingewendet hat, hineinsprechen kann. Dann fragt er, welches von den »Roots & Shoots«-Projekten besonders erfolgreich war.

Jane Goodall erklärt, dass es Hunderte von Projekten gibt, und dass letztlich alle erfolgreich seien. Eine Gruppe sei an den Wochenenden hinausgegangen, um ein Feuchtgebiet zu renaturieren, eine andere habe dasselbe in der Prärie gemacht. Eine Gruppe in China sammle Geld für eine Hundestation, eine andere besuche einsame alte Menschen und lasse sie mitgebrachte Hunde und Kaninchen streicheln, sodass manche von ihnen, die nicht mehr sprechen wollten, sich wieder ihrer Umgebung öffneten.

»Warum ist es so wichtig«, formuliert Chandler seine nächste Frage, »dass junge Leute ehrenamtliche Arbeit leisten?« – »Weil man«, antwortet Jane Goodall, »mit ehrenamtlicher Arbeit der Gemeinschaft, die einem vieles ermöglicht, etwas zurückzahlt. Aber der Hauptgrund ist wohl: Wenn du etwas Gutes tust, dann fühlst du dich auch gut.«

»Das finde ich auch!«, bestätigt Chandler Schaak, der junge Reporter, der selbst bei »Roots & Shoots« aktiv ist.

Hühner statt Affenfleisch

Flüchtlingslager Lugufu des UNHCR, Tansania

Eine uniformierte Wache öffnet das Metalltor, welches das Flüchtlingslager Lugufu und seine Bewohner vom Rest der Welt abtrennt, damit der weiße Geländewagen, der Jane Goodall hierher gebracht hat, passieren kann. Sie wird in Lugufu die Menschen besuchen, die dort seit Jahren eine Zuflucht haben und teilweise im Lager zur Welt gekommen sind. Sie möchte schauen, wie sich die Projekte entwickelt haben, die »Roots & Shoots« dort in die Wege geleitet hat. Und sie will den Menschen Hoffnung vermitteln und das Gefühl, dass sie nicht allein sind.

Das Lager liegt auf tansanischem Staatsgebiet, nahe bei Gombe. Es wurde seinerzeit errichtet, um bis zu 70 000 Menschen – Männer, Frauen und Kinder – aufzunehmen, die vor den Kämpfen, den Morden und den Vergewaltigungen in der benachbarten Volksrepublik Kongo geflohen waren, oft nur mit dem, was sie auf dem Leib trugen.

Rechts und links der staubigen Piste stehen Menschen, darunter viele Kinder, die die Fahrt des Geländewagens zunächst wortlos und fast apathisch mit den Augen verfolgen. Ein paar Kinder sind die ersten, die zaghaft eine Hand heben, um Jane Goodall zuzuwinken. Immer mehr werden es, je weiter der Wagen in das Lager hineinfährt. Dann bricht der Bann, und auf der letzten Strecke bis zum Versammlungsplatz des zentralen Dorfes wird Jane Goodalls Fahrzeug auf beiden Seiten von lachenden, rufenden und winkenden Kindern begleitet, die sich bemühen, mit ihm Schritt zu halten.

»Als wir in Lugufu unsere Arbeit mit Roots & Shoots
aufnahmen, lag der Hauptgrund in dem Gefühl der
Hoffnungslosigkeit, das wir bisher den Kindern
vermittelt haben. Die jungen Leute verloren ihre

Heimat, manche sind sogar im Lager geboren. Sie
sind entnervt und haben Angst vor der Zukunft. Ihre
Zukunft ist ungewiss. Sie kennen den Kongo nicht,
müssen aber zurück.«

Jane Goodall im Film »Jane´s Journey«

Auf dem großen Platz drängen sich bereits Hunderte, wenn nicht Tausende von Menschen, denn dort wollen Mitglieder von »Roots & Shoots« an diesem Tag ein kleines Schauspiel aufführen, und außerdem hat sich die Nachricht von Jane Goodalls Besuch im Lager wie ein Lauffeuer verbreitet. Es wird getanzt, musiziert, gesungen und gelacht. Kaum hat Jane Goodall mit ihrem Äffchen »Mr. H.« auf dem Arm den Wagen verlassen, ist sie bereits von Kindern umringt, und viele andere winken ihr von den vollbesetzten Zuschauerrängen aus fröhlich zu. Beim Anblick dieser lachenden Menschen fällt es schwer, sich vorzustellen, was die meisten von ihnen in ihrer Heimat Kongo und auf der Flucht von dort an Schrecklichem erlebt haben müssen.

»Manche Geschichten, die ich gehört habe, sind
unglaublich schockierend und furchtbar.

99

Die Geschichten der jungen Leute, die aus dem
Kongo geflohen sind. Sie mussten zusehen, wie ihre
Eltern ermordet wurden, wie ihre Schwester erschos-
sen wurde, nachdem man sie vergewaltigt hatte ...
Lauter solche Dinge. Manche sind so traumatisiert,
dass sie jahrelang nicht sprechen.«

Jane Goodall im Film »Jane´s Journey«

Jane Goodall nimmt an einem Tisch Platz, von dem sie die Aufführung aus nächster Nähe verfolgen kann. Man setzt hier auf Infotainment, und in dem Stück geht es darum, den Menschen im Lager auf unkomplizierte und verständliche Weise beizubringen, dass sie keine Affen jagen, töten und essen sollen. Die Vorstellung beginnt. Einer der Schauspieler beißt genießerisch in ein Stück Fleisch, das auf einem Holzspieß steckt, und lobt den guten Geschmack mit den Worten: »Hey, Mann! Dieser Affe erinnert mich an den in Gombe!« – »Iss nicht alles auf!«, fordert ihn ein zweiter Schauspieler auf, »lass´ mir was übrig!« Der erste reicht ihm den Fleischspieß hinüber und während sein Gegenüber ebenfalls herzhaft ein Stück abbeißt, erklärt er: »Das ist echter Affe aus dem Kongo. Die schmecken am besten! Aber ...«, fügt er dann verschwörerisch hinzu, »sag´ keinem, dass ich Affen esse! Das bleibt unser Geheimnis, okay? Und jetzt gib mir noch was!« Der andere reicht ihm den Spieß zurück.

Jetzt mischt sich ein dritter Schauspieler in das Geschehen ein: »Nein! Nein! Nein! Ich kann das Fleisch nicht essen. Wir sollen doch die Umwelt schützen! Da darf man keine Affen essen!« Die Zuschauer lachen und klatschen Beifall, sie haben den Sinn des kleinen Theaterstücks, das die »Roots & Shoots«-Gruppe in Lugufu selbst entwickelt hat, ganz offensichtlich verstanden.

Sketche dieser Art führen die »Roots & Shoots«-Gruppen in Afrika gerne auf, um den Menschen auf unterhaltsame Weise das Wissen über den richtigen Umgang mit ihrer Umwelt zu vermitteln.

»Sie machen das sehr witzig, in ihrer eigenen Sprache, sodass wir nicht alles verstehen, was gesagt wird, aber das muss man auch gar nicht, denn sie sind sehr gute Schauspieler. Sie sind richtige Naturtalente, und sie transportieren die Botschaft, dass es schlecht ist, Tiere zu jagen. Man wird verhaftet, denn es ist

illegal, und man sollte lieber Hühner züchten. Das
sind die Botschaften, die durch solche kleinen Sketche
und Stücke verbreitet werden.«

Jane Goodall im Film »Jane´s Journey«

Natürlich weiß Jane Goodall, dass man die Menschen nicht davon abhalten kann, Affen zu jagen und zu essen, wenn man ihnen nicht andere Nahrungsmöglichkeiten anbietet. Deswegen hatte sie die Idee, Hühnerfarmen im Kleinformat aufzubauen. Der dahintersteckende Gedanke war, dass die Menschen nicht mehr auf die Jagd gehen würden, wenn sie ausreichend Fleisch von Hühnern und deren Eier zur Verfügung haben. So entstanden vielerorts, auch in Lugufu, Brutstationen, in denen Hühnereier ausgebrütet und die Küken großgezogen werden, bis sie dann an Familien abgegeben werden können, die sich aber verpflichten müssen, die Nachkommen ihrer Hühner wiederum mit anderen Familien zu teilen.

Jane Goodall lässt es sich nicht nehmen, die Brutstation in Lugufu zu besichtigen, ein kleines Gebäude, aus dem ihr bereits ein lautes, vielstimmiges Piepsen entgegenschallt. Der Mitarbeiter zieht die Schublade eines Brutkastens heraus, und als ob sie den Erfolg dieses Projekts bestätigen wollten, bewegen sich zwischen den vielen Eiern auch einige frischgeschlüpfte Küken. »Die sind aber süß, so süß«, meint Jane Goodall und nimmt behutsam eines der kleinen flaumigen Wesen in ihre Hände.

»Wie viele Hühner habt ihr verteilt, seit das Programm angefangen hat?«, fragt sie den Mitarbeiter dann. »Seit ich hier anfing, haben wir etwa 3000 Hühner abgegeben«, erwidert dieser stolz. »Das ist sehr gut! Fantastisch!«, lobt ihn Jane Goodall.

»Es war ganz wichtig, den Leuten Fähigkeiten zu vermitteln, damit sie bei ihrer Rückkehr in den Kongo eine Existenzgrundlage haben. Meine Mission besteht wohl darin, den Menschen Hoffnung zu geben. Ich glaube, das ist das Wichtigste, was ich tun kann. Wenn die Jugend ihre Hoffnung verliert, gibt es gar keine Hoffnung mehr.«

Jane Goodall im Film »Jane´s Journey«

Jane Goodall zu Gast bei Angelina Jolie

Der Blick aus dem Flugzeugfenster zeigt Jane Goodall, dass sie in wenigen Minuten auf einem der Flughäfen von New York City landen wird. Die anschließende Autofahrt bringt sie zum Haus einer anderen bemerkenswerten Frau, der amerikanischen Schauspielerin Angelina Jolie, ihrer Gastgeberin an diesem Tag.

Jane Goodalls Besuch bei Angelina Jolie hat einen bestimmten Grund. Jene ist nicht nur eine weltbekannte Schauspielerin, sie zeichnet sich auch durch ihren besonderen persönlichen Einsatz im humanitären Bereich aus. Bei Dreharbeiten in Kambodscha war sie im Jahr 2000 erstmalig mit den Problemen der dortigen Flüchtlingslager in Berührung gekommen und hatte in der Folgezeit mehrere Lager besucht. Weitere Reisen hatte sie in Abstimmung mit dem Flüchtlingshilfswerk der Vereinten Nationen (UNHCR) zu Flüchtlingslagern in Sierra Leone und in Tansania durchgeführt. Im August 2001 wurde sie vom UNO-Flüchtlingshilfswerk wegen ihres besonderen Engagements zur UNHCR-Sonderbotschafterin ernannt.

Angelina Jolie begrüßt ihren Gast schon vor dem Haus. Sie gibt dem kleinen Stoffaffen »Mr. H.« einen Kuss auf den Kopf und bittet Jane Goodall mit den Worten: »Kommen Sie doch herein«, ihr nach drinnen zu folgen.

»Sie war mir schon seit Jahren ein Begriff, weil ich
ihre Bücher gelesen hatte. Sie hat mich immer
inspiriert. Sie war immer eine der Frauen, die mir

ein besseres Gefühl in Bezug auf das Leben gaben,
und ich hatte gehofft ...
Wenn man Menschen kennenlernt, weiß man nie, ob
sie so sind, wie man sie sich vorstellt, aber sie hat
mich vom ersten Moment an magisch angezogen.«

Angelina Jolie im Film »Jane´s Journey«

Unter den aufmerksamen Blicken von »Mr. H.«, der seinen Platz auf dem Glastisch neben einem herrlichen Bukett weißer Rosen eingenommen hat, schildert Jane Goodall ihrer Gastgeberin anhand von Fotos, welche Projekte »Roots & Shoots« im Flüchtlingslager Lugufu in Tansania durchführt: »Sehen Sie, das ist das Hühnerprojekt.« – »Was ist das Hühnerprojekt?«, fragt Angelina Jolie interessiert. »Es gibt dort einen Brutkasten«, erklärt Jane Goodall, »der sehr simpel ist, aber professionell gebaut wurde.«

Angelina Jolie erinnert sich, dass sie Jane Goodall zum ersten Mal begegnete, als sie mit dem UNHCR bei den Olympischen Spielen in Utah war. Sie sollten ein gemeinsames Interview geben – oben auf dem Dach eines Hauses. Es war sehr kalt, und Angelina Jolie fror entsetzlich, aber dann sah sie, wie Jane Goodall auf dem Dach im Kreis herumlief. »Ich muss mich warm halten«, meinte sie zur Erklärung, »also jogge ich einfach!« Angelina Jolie war damals tief beeindruckt.

> *»Sie joggte also, und ich als junge Frau dachte mir:*
> *Ich fühle mich elend und friere, und diese ältere Frau*
> *mit ihrer Lebensweisheit nimmt das Ganze als gute*
> *Gelegenheit, frische Luft zu tanken und zu joggen.*
> *Das war wunderbar und spannend, ich habe viel*
> *daraus gelernt.«*
>
> Angelina Jolie im Film »Jane´s Journey«

»Flüchtlinge sind wirklich außergewöhnliche Menschen«, stellt Angelina Jolie fest, während sie die großformatigen Fotos betrachtet, auf denen die Bemühungen dokumentiert sind, den Bewohnern des Lagers das Leben dort ein wenig würdiger zu gestalten. Jane Goodall reicht ihr ein weiteres Foto: »Das Hühnerprojekt-Restaurant.« Angelina Jolie ist überrascht: »Das ist toll. Es ist ... unfassbar, dass es im Flüchtlingslager ein Restaurant gibt.« – »Es sind nur vier Tische«, erläutert Jane Goodall stolz, »aber es ist sauber.«

Angelina Jolie ist immer noch ganz fasziniert, dass es in Lugufu ein Restaurant gibt. Aufgrund ihrer Erfahrung erkennt sie sofort, welchen immensen Wert diese Einrichtung für die Menschen im Lager haben muss: »Etwas, wo man hingehen kann! Kaum jemand begreift, wie beengt es in Flüchtlingslagern ist. Wie im Gefängnis. Es gibt keine Möglichkeit ... Was man immer sagt: Dass man einem Menschen vieles nehmen kann, aber nicht die Fähigkeit, sein Leben zu verbessern. Und dort ein Restaurant zu haben, jemanden ins Restaurant ausführen zu können ...«

> »*Und beim Abendessen sprach der UN-Flüchtlingskommissar über Hoffnung. Oft sind die Flüchtlingszahlen so hoch, und das Ganze zieht sich so lange hin. Viele Menschen kehren in unruhige Länder zurück, und es gibt keine Lösung für sie ...*
> *Aber er beging den Fehler, in Mrs. Goodalls Gegenwart zu sagen:* ›*Es ist schwer, sich die Hoffnung zu bewahren.*‹
> *Da schlug sie auf den Tisch und sagte:* ›*Man muss immer Hoffnung haben!*‹«
>
> Angelina Jolie im Film »Jane´s Journey«

Doch es gibt auch Zeiten, in denen es selbst Jane Goodall schwer-
fällt, nicht die Hoffnung aufzugeben. Sie denkt daran zurück, welche Angst sie in den Tagen nach dem 11. September 2001 hatte, als
es acht Tage lang keine Flüge gab und sie in New York festsaß. Danach flog sie zu einem Vortrag an einer High School in Portland –
ausgerechnet zum Thema *Grund zur Hoffnung*.

> *»Aber in dem Moment schien es so, als wäre jede*
> *Hoffnung verloren. Das war eine ganz furchtbare*
> *Zeit. Ich saß im Flugzeug, fühlte mich krank und*
> *wusste nicht, warum.*
> *Dann wurde mir klar: Das war die nackte Angst.*
> *Was sage ich den Jugendlichen in dieser hoffnungs-*
> *losen Zeit? Woher sollen die Worte kommen? Was*
> *sage ich?*
> *Selbst auf dem Podium, als ich vor ihnen stand,*
> *wusste ich immer noch nicht, was ich sagen sollte.*
> *Das war ein furchtbar beängstigendes Erlebnis.«*
>
> Jane Goodall im Film »Jane´s Journey«

Die Tragödie der Lakota von Pine Ridge

Pine-Ridge-Reservat, South-Dakota, 2009

>*Im Jahr 2000 hat sich mein Sohn erhängt. Er war 16 Jahre alt. Bei der Beerdigung versprach ich ihm, dass ich etwas tun würde.«*

Robert Whitemountain, Lakota-Indianer, im Film »Jane´s Journey«

Die Straße vor der Kühlerhaube des Pick-up scheint gerade-wegs ins Nichts zu führen. Rechts und links von ihr zieht sich bis zum Horizont die endlose Weite der Prärie von South-Da-kota hin, auf der noch die letzten Schneereste vom vergangenen Winter liegen. Jane Goodall ist unterwegs ins Pine-Ridge-Re-servat im Südwesten des Bundesstaats, der Zwangsheimat von mehr als 15 000 Lakota-Indianern.

Das Pine-Ridge-Reservat erstreckt sich über eine Fläche von knapp 11 000 Quadratkilometern und ist damit nur wenig kleiner als das österreichische Bundesland Tirol. Es zählt zu den ärmsten Regionen der USA. Arbeitslosigkeit und Kriminalitätsrate sind überdurchschnittlich hoch, die Lebenserwartung der Bewohner liegt bei unter 50 Jahren. Die Suizidrate ist etwa viermal so hoch wie der Landesdurchschnitt, vor allem unter den Jugendlichen.

»Mein Heimatort Bear Soldier war als Selbstmord-Hauptstadt der USA bekannt, auf Platz 2 hinter Japan. Jede Woche gab es bei uns drei bis sechs Selbstmordversuche. Mein Sohn hatte 65 Freunde in seinem Alter, und weniger als 15 blieben übrig.«

Robert Whitemountain, Lakota-Indianer, im Film »Jane´s Journey«

The Birches - Jane Goodalls Heimat und Ruhepol in Bournemouth.

Jane Goodall mit ihrer Schwester Judy Waters beim Strandspaziergang in Bournemouth.

In Jane Goodalls Refugium, ihrem »Adlerhorst«.

Richard Koburg, Lorenz Knauer und Jane Goodall.

Auf dem Weg nach Afrika

Auf die Frage …

...wo sie eigentlich zu Hause ist, antwortet Jane Goodall oft:

»Eigentlich lebe ich vorwiegend in Flugzeugen!«.

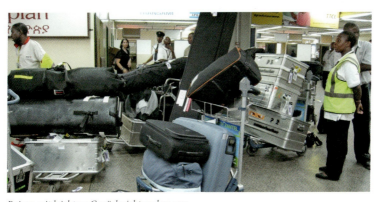

Reisen mit leichtem Gepäck sieht anders aus ...

Unterwegs nach Gombe

Mr. H ist immer dabei.

Kurz vor der Ankunft in Gombe …

Urplötzlich kann es sehr ungemütlich werden auf dem Tanganjikasee.

Jane Goodall und ihre Mitarbeiterin Mary Mavanza.

Auf der »Jagd« nach den Schimpansen

»Es ist doch nur ein Schuh!«

André Zacher in Aktion.

Bei der Fellpflege.

Kurze Pause mit Richard Ladkani und André Zacher.

»Jane's Peak« in der Abendstimmung.

Auf dem Weg zum Wasserfall.

Der Wasserfall, einer der »magischen« Plätze von Gombe.

Der zehn-Meter-Kran fertig zum Einsatz am Wasserfall.

Nachdenklich vor einem schwierigen Interview …

…am Strand von Gombe.

Hier sieht es noch genauso aus …

…wie vor 50 Jahren, als Jane Goodall hier zum ersten Mal an Land ging.

Im Hinterland von Gombe bei den TACARE-Projekten

Zu Besuch bei Gertuda, einer der ersten Frauen, die über TACARE Mikrokredite gewährt bekamen.

Jane Goodall im Gespräch mit Gertuda.

Jane Goodall befragt Gertuda zum TACARE-Projekt.

Emmanuel Mtiti zeigt Jane Goodall den Fortschritt der Wiederaufforstung.

Im Flüchtlingslager Lugufu

Jane Goodall wird in Lugufu begeistert empfangen.

Bei der Aufführung des Schauspiels der »Roots & Shoots«-Gruppe in Lugufu.

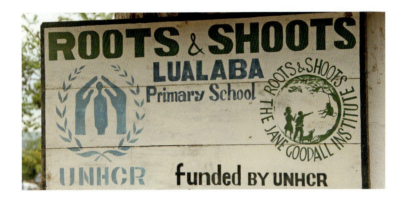

Sie kennen nichts als das Flüchtlingslager …

Das Hühnerprojekt in Lugufu

Sehr einfache Technik …

…erzeugt tausende von Küken …

… die den Roots & Shoots Familien im Lager zugute kommen.

Mit Grub in Dar Es Salam

Janes Sohn Hugo Eric Louis van Lawick, genannt Grub, mit Lorenz Knauer.

Am Strand von Dar Es Salaam.

Grubs Mitarbeiter lassen seinen Kabinenkreuzer zu Wasser.

Richard Ladkani, Lorenz Knauer und Grub bereiten das Interview vor.

Das Roots & Shoots-Treffen in Dar Es Salam

Man spürt Jane Goodall's Begeisterung immer, wenn sie von Roots & Shoots spricht.

Nsaa-lya Kihunrwa, eines der Gründungsmitglieder von Roots & Shoots.

Besprechung auf der Terrasse von Jane Goodalls Haus in Dar Es Salaam mit den Gründungsmitgliedern von Roots & Shoots.

Auf dem Weg ins Reservat

Impressionen der Trostlosigkeit im Reservat.

Jane Goodall und ihr enger Freund Tom Mangelsen in Nebraska.

Die Schneegänse lassen sich vom Lärm der Straße nicht stören.

Tom Mangelsen, einer der weltbesten Tierfotografen.

Wie immer mit dabei: das Fernglas.

Ein Naturschauspiel besonderer Art: die Schneegänse am Platte River.

Bei der Lagebesprechung.

Wie jedes Jahr: Tom Mangelsen und Jane Goodall auf der Jagd nach den schönsten Fotos.

»In den wenigen Tagen hier kann ich meine ›seelischen Akkus‹ wieder aufladen«.

Bei Sonnenaufgang verlassen die Kraniche das sichere Flussbett.

Etwa 200.000 Schneegänse steigen auf …

Freundschaft über viele Jahre: Jane Goodall und Tom Mangelsen.

Jane Goodall mit Lorenz Knauer am Platte River.

Richard Ladkani auf der Lauer.

Jane Goodall genießt die faszinierende Stimmung am Hippo-Pool.

Immer mit dabei: Mr. H.

Jane Goodall mit ihrem Sohn Grub und ihren Enkelkindern Angel und Merlin.

Jane Goodall mit Yahaia dem »Hippo-Flüsterer« und Freunden.

Lorenz Knauer und Richard Ladkani am Hippo-Pool.

Besprechung im Camp am Hippo-Pool.

Jane Goodall und ihr Enkel Merlin
beobachten die Hippos.

Der »Hippo-Flüsterer« Yahaia, der den Hippos erzählt, dass Jane Goodall gekommen sei,
um sie zu beschützen.

Die Hippos lauschen Yahaias Worten.

Jane Goodall macht für ihr privates Album ein Foto von Sohn Grub und den Enkeln Angel und Merlin.

Merlin, Grub und Angel

Faszinierende Momente, die Jane Goodall in aller Ruhe genießen möchte.

Grönland

Ilulissat, weltberühmt durch seinen Eisfjord.

Die bunten Häuser von Ilulissat.

Der Blick auf den Hafen von Ilulissat.

Eine erschreckend schöne Bootsfahrt …

… im Eisfjord von Ilulissat.

Immer schneller schmilzt der Eispanzer von Grönland …

… und produziert gigantische Eisberge.

Angangaaq erzählt Jane Goodall und Richard Ladkani, wie unglaublich Grönland sich seit seiner Jugend verändert hat.

Impressionen auf dem Weg zum Gletscher …

Aus der »Wall of Ice«…

… entspringt ein mächtiger Strom, nur aus Schmelzwasser!

Jane Goodall beim Zelten in der Nähe der »Wall of Ice«.

Ein kleiner Whiskey bei Mitternachtssonne.

Jane Goodall erzählt von ihren Bemühungen um eine bessere Umwelt ...

Mitstreiter Angaangaq, »UNCLE« genannt, beim Vorbereiten seiner »Feuer & Eis« Zeremonie vor der großen »Wall of Ice«.

Auch in Grönland mit dabei: »Mr. H.«

Jane Goodall vor der schmelzenden Eiswand »Wall of Ice«.

Vor 30 Jahren noch 1000 m ... heute »nur« noch 300 m hoch.

Österreich

Jane Goodall bei einem Vortrag auf Gut Aiderbichl.

Auch in Aiderbichl hören die Menschen Jane Goodall gebannt zu.

Jane Goodall mit »Roots & Shoots« – Kindern in Aiderbichl.

Das »Jane-Team« auf Gut Aiderbichl.

Jane Goodall beim Fernseh-Interview auf Gut Aiderbichl.

Jane Goodall bei den Pietrain-Schweinen, die von Michael Aufhauser gerettet wurden.

Er schenkte Jane »Mr. H.«: der blinde Magier Gary Haun.

Wo immer Jane Goodall auftritt, füllt sie die Säle.

Robert Whitemountain wusste nicht, was er machen sollte, bis ihm eines Tages einer seiner Freunde von Jane Goodall erzählte. »Wenn sie in der Lage ist, das Töten der Affen zu stoppen ...«, überlegte er, »vielleicht kann sie uns helfen mit unseren Kindern, denn die bringen sich alle um.« Er nahm Kontakt zu ihr auf, und fünf Jahre nach seinem Schwur am Grab seines Sohnes besuchte Jane Goodall zum ersten Mal das Pine-Ridge-Reservat. Robert Whitemountain schilderte ihr das trostlose Leben der Reservatsbewohner, erzählte ihr von den Selbstmorden, den Aggressionen, der Gewalt, dem weitverbreiteten Alkoholismus und den Drogen und von der überall vorherrschenden Hilflosigkeit.

> *»Ich erzählte ihr alles, was hier los ist. Und sie hörte zu.«*
>
> Robert Whitemountain, Lakota-Indianer, im Film »Jane´s Journey«

Jane Goodalls Besuch im Jahre 2005 brachte ein wenig Hoffnung in das Reservat und in das Leben seiner Bewohner. Ein engagiertes junges Paar, sie Lakota, er Weißer, gründete eine »Roots & Shoots«-Gruppe, um zunächst wenigstens die drängendsten Probleme in Angriff zu nehmen. Aber bei allem Enthusiasmus hatten sie nicht mit der allergrößten Schwierigkeit gerechnet: die überall herrschende Gleichgültigkeit der Menschen gegenüber ihrer eigenen Situation zu überwinden. Aber die Gruppe gibt trotz vieler Rückschläge bis heute nicht auf, denn sie weiß: Jeder kleine Schritt zählt!

> *»Unser Volk war bekannt als die Hüter des Landes.*
> *Aber im Laufe der Jahre haben wir die Verbindung*
> *dazu verloren. Jetzt helfen uns Jane und die Leute*
> *von Roots & Shoots, diese Verbindung zur Natur*
> *zurückzugewinnen. Die Jugendlichen werden wieder*
> *geerdet, sie nehmen das Leben wieder in der simpels-*
> *ten Form wahr, die wir begreifen können, denn es*
> *wächst aus dem Boden.«*
>
> Robert Whitemountain, Lakota-Indianer, im Film »Jane´s Journey«

Vier Jahre nach ihrem ersten Besuch ist Jane Goodall wieder im Pine-Ridge-Reservat. Eine Rundfahrt durch den kleinen Ort, in dem Robert Whitemountain zu Hause ist, offenbart die erbärmlichen Umstände, unter denen die Lakota-Indianer leben müssen. Ihre einfachen eingeschossigen Holzhäuser beiderseits der Straße liegen weit auseinander, denn Platz ist genug da in dieser endlosen Weite, über die ein kalter Wind pfeift. Zwischen den Gebäuden gibt es nichts außer kahlen, trockenen Grasflächen, auf denen hier und da Ponys stehen und versuchen, ein wenig Nahrung zu finden. Niemand hier hat den Drang, etwas zu verschönern, niemand macht sich die Mühe, Bäume oder Büsche zu pflanzen oder einfach nur ein paar Blumen.

Fassungslos blickt Jane Goodall aus dem Fenster des Autos. Alles wirkt schmutzig und verwahrlost. In einer Garageneinfahrt benutzen ein paar Kinder einen Holzstapel als Klettergerüst, denn einen Spielplatz sucht man hier vergeblich. Ein kleiner Junge lässt seine Wut an einem Hund aus, indem er ihn mit brutalen Fußtritten traktiert. Eine Gruppe Jugendlicher am Straßenrand nimmt eine feindselige Haltung ein, als der Wagen vorbeifährt. Ein Hund verbringt sein Leben angekettet mitten in einem Berg Unrat. Überall auf der Straße und vor den mit Graffiti beschmierten Häusern stehen und liegen irgendwelche Sachen, Spielzeuge, Autoteile, ein einsamer Kinderwagen, und nicht immer ist klar, ob die Bewohner sie nicht mehr brauchten und deswegen achtlos weggeworfen oder ob sie schlichtweg dort vergessen wurden. Autowracks scheinen einfach irgendwo abgestellt zu werden und bleiben dort stehen, bis sie unter den Einwirkungen von Wind und Wetter von selber zerfallen. Niemand räumt hier etwas weg.

Nur an zwei Stellen im Ort sind positive Aktivitäten sichtbar. Auf einer kleinen, verwitterten Betonfläche, durch die an den Schmalseiten aufgestellten, rostzerfressenen Basketballkörbe als Spielfeld erkennbar, sind einige Kinder und Jugendliche damit beschäftigt, mit ihren Besen wenigstens den gröbsten Schmutz zu beseitigen. Nebenan liegt ein mit niedrigem Maschendraht eingezäuntes Feld, wo andere Jugendliche die vertrockneten Reste einer ehemaligen Maiskultur zusammenharken.

Jane Goodall nähert sich dem Geschehen. »Hallo!«, grüßt sie freundlich, »sind alle fleißig?« Die beiden Gründer der »Roots & Shoots«-Gruppe in Pine Ridge, Patricia Hammond und Jason Schoch, gesellen sich zu ihr und erzählen von ihren Bemühungen, das Leben der im Reservat lebenden Menschen, besonders aber der jüngeren unter ihnen, zu verbessern.

> *»Ich wollte in der Lage sein, den Kids zu helfen. Sie sind alles, was wir haben. Sie sind unsere Zukunft. Sie sind alles, was von unserem Volk übrig ist. Das müssen wir bewahren. Und wie kann ich ihre Umgebung am schnellsten verändern? Indem ich einen Garten anlege!«*
>
> Patricia Hammond, Lakota-Indianerin, im Film »Jane´s Journey«

Patricia Hammond hatte sich überlegt, dass ein Garten in der kargen Gegend die unmittelbarste und augenfälligste Veränderung darstellen würde. Aber sie musste feststellen, dass es vor dem ersten Arbeitsschritt zunächst notwendig war, die Menschen aufzurütteln und sie von dem Sinn ihres Vorhabens zu überzeugen. Sie stieß auf erheblichen Widerstand. »Hier kann man keinen Garten anlegen!«, hörte sie von vielen. »Das wird nicht gehen, denn die Leute werden den Garten mit Müll zuwerfen, so wie sie es hier überall machen!« war ein anderes Argument. Und wenn sie bat, doch zunächst einmal den Müll wegzuräumen, bekam sie zur Antwort: »Wozu die Mühe? Morgen liegt er ja doch wieder da!« Aber schließlich schaffte sie es, einige Jugendliche zur Mitarbeit bei der Anlage eines Maisfeldes zu bewegen.

»Darauf warte ich seit acht Jahren«, meint Jane Goodall zufrieden, »dass jemand endlich etwas tut in einer Gemeinde der amerikanischen Ureinwohner. Und nun seht euch an, was ihr geschafft habt. Aber es war nicht leicht, oder?«

»Nein«, bestätigt Patricia Hammond, »das war es nicht.« Und dann erzählt sie, wie der Mais wuchs, bis er fast zwei Meter hoch war, und wie ihre jungen Mithelfer darüber ganz stolz und aufgeregt waren. Aber als sie kurz vor der Ernte zu ihrem kleinen Feld kamen, hatte jemand den Zaun umgerissen und sämtliche Maispflanzen abgeschnitten. Vielleicht, so mutmaßt Patricia, war es sogar eines der Kinder, die dort mitgearbeitet hatten. Noch heute schießen ihr Tränen in die Augen, und sie verspürt die Enttäuschung und die Frustration von damals, als sie vor diesem Werk der Zerstörung stand. Sie hatte doch mit dem Maisanbau dem Leben der Jugendlichen in der Gemeinde einen Sinn geben wollen. Sie hatten dann gemeinsam den zerstörten Mais aufgesammelt und den Zaun wieder aufgerichtet, und einen Tag später, als sie sich wieder gefangen hatte, hatte sie zu den Jugendlichen gesagt: »Nächstes Jahr fangen wir von vorne an!«

> *»Ich fand es unglaublich, dass es im reichsten Land der Welt Menschen gibt, die unter genauso schlimmen Bedingungen oder schlimmeren Bedingungen leben wie viele Menschen, die ich in Entwicklungsländern gesehen habe. Von dem Augenblick an wusste ich, dass ich weiterarbeiten musste, um Roots & Shoots oder andere Programme in diese Gemeinden zu tragen. Das wurde eine Leidenschaft. Ich musste einfach etwas tun. Ich konnte nicht anders. ... Ich musste einfach.«*
>
> Jane Goodall im Film »Jane´s Journey«

Über dem Pine-Ridge-Reservat geht langsam die Sonne unter und schickt ihre letzten Strahlen über den kleinen Friedhof des Ortes, auf dem viele begraben liegen, die nur noch den einen Ausweg sahen, um ihrer deprimierenden Lebenssituation zu entkommen. Weit weg singt jemand eine alte indianische Weise, in deren monotoner Melodie die ganze Resignation widerzuklingen scheint, die das einst so stolze Volk der Lakota befallen hat.

Robert Whitemountain glaubt fest daran, dass die Arbeit von Jane Goodall und den Mitgliedern von »Roots & Shoots« die Dinge im Pine-Ridge-Reservat zum Besseren wenden wird.

»Als die Kids Jane kennenlernten und andere, die ins Reservat kamen, gab ihnen das einen Funken Hoffnung, sodass sie ...«, er muss schlucken, »anstatt sich umzubringen ...«

Robert Whitemountain, der Lakota-Indianer, kann nicht weitersprechen und wendet sich verlegen zur Seite, weil er bei der Erinnerung an seinen Sohn verzweifelt mit den Tränen kämpft. »Entschuldigung«, bringt er gerade noch heraus, bevor seine Stimme ganz versagt.

Mit Tom Mangelsen bei den Kranichen

Platte River, Nebraska, 2009

In Nebraska neigt sich der Tag seinem Ende zu. Im Osten leuchten schon die ersten Sterne am klaren Firmament, im Westen färbt die untergegangene Sonne den Himmel noch mit einem warmen Orange-Rosa ein. Nicht mehr lange, dann wird die Dunkelheit der Nacht auch bis hierher vorgedrungen sein und die Landschaft an den Ufern des Platte River mit ihrer samtigen Schwärze einhüllen.

Über die letzten zaghaften Vogelstimmen, die noch aus den Büschen dringen, legen sich andere Laute, die zuerst weder in ihrem Ursprung noch in der Richtung, aus der sie kommen, zu bestimmen sind. Langsam schwellen sie an, und eine Zeit lang klingt es wie ein gedämpftes Konzert tausender Trompeten, denen ebenso viele Spieler immer wieder den gleichen melodischen Ton entlocken. Als die Laute schließlich aus allen Richtungen zu kommen scheinen, tauchen vor dem vom Abendrot überzogenen Himmel imposante, tiefschwarze Silhouetten großer Vögel auf, die auf ihren mächtigen Schwingen segelnd noch einmal eine letzte Schleife durch die Luft ziehen, bevor sie mit ihren lang ausgestreckten, im Verhältnis zum Körper filigran wirkenden Beinen zur Landung ansetzen.

Jane Goodall und ihr Freund Tom Mangelsen, seit Jahrzehnten einer der weltweit besten Naturfotografen, sind an das Ufer des Platte River gegangen, um das Naturschauspiel zu erleben, das sich seit Menschengedenken jedes Frühjahr wieder genau an derselben Stelle abspielt. Die großen Vögel sind Kanadakraniche, die von ihren Überwinterungsrevieren im Südwesten der USA und im nördlichen Mexiko kommen und auf dem 8 000 Kilometer langen Flug zu den Brutgebieten in Kanada, Alaska und Sibirien hier am Platte River eine mehrwöchige Rast einlegen. Den Tag haben sie weit ab vom Fluss zur Nahrungsaufnahme auf den abgeernteten Feldern verbracht und jetzt, bei Anbruch der Nacht, fallen sie in riesigen Schwärmen am Flussufer ein. In der Flachwasserzone in Ufernähe werden sie die Nacht im Stehen verbringen und sind so sicher vor ihren Fressfeinden wie Wölfen, Luchsen, Kojoten und Waschbären.

Früh am nächsten Morgen sind Jane Goodall und Tom Mangelsen wieder unterwegs. Es sind jetzt sicher Zehntausende von Kranichen, die in der Uferzone stehen und ihre Rufe ausstoßen. Einzelne von ihnen, die für die bevorstehende Brutperiode noch keinen Partner gefunden haben, beginnen ihren Paarungstanz. Mit weit ausgebreiteten Schwingen führen sie kurze, elegante Luftsprünge aus, um auf diese Weise Angehörige des anderen Geschlechts, die ebenfalls noch nicht verpaart sind, auf sich aufmerksam zu machen. Durch ihr kleines Fernglas beobachtet Jane Goodall, wie sich einer der Kraniche mit langsamen, kraftvollen Flügelschlägen in die Luft erhebt und andere ihm mit lang nach vorn gestrecktem Hals und nach hinten ausgestreckten Beinen folgen – ein Bild von erhabener Schönheit, von dem man die Augen gar nicht wenden möchte und das Tom Mangelsen mit seiner mit einem Teleobjektiv bestückten Kamera gleich in einer ganzen Fotoserie festhält.

Leise bewegen sich Jane Goodall und Tom Mangelsen durch den hohen Uferbewuchs zu einer anderen Stelle des Platte River, wo sich unzählige Schneegänse dicht an dicht auf der Wasserfläche versammelt haben, so dicht, dass zwischen den vielen Vogelkörpern von dem Element, das sie trägt, kaum noch etwas zu sehen ist. Als sie wie auf ein geheimes Kommando fast zur gleichen Sekunde vom Wasser aufsteigen, bringen ihre Flügelschläge die Luft zum Dröhnen, sie übertönen sogar den Motorenlärm der Lastwagen, die auf der nahen Straße vorbeifahren.

Nach den deprimierenden Eindrücken, die Jane Goodall von ihrem Besuch im Pine-Ridge-Reservat mitgenommen hat, sind die wenigen Tage am Platte River mit seiner überwältigend schönen Natur für sie eine Zeit der Entspannung und Erholung. Hier kann sie, wie sie jedes Mal sagt, ganz ähnlich wie in Gombe »ihre Akkus wieder aufladen«. Aber trotzdem wandern ihre Gedanken immer wieder zurück zum Lakota-Reservat mit all seiner Trostlosigkeit, zu den Bewohnern, für deren Zukunft so wenig Hoffnung besteht, zu Robert Whitemountain, der seinen Sohn begraben musste, und natürlich zu ihren so stark bei »Roots & Shoots« engagierten Freunden Patricia Hammond und Jason Schoch. Sie beschließt, diesen beiden einen Brief zu schreiben und sie so an ihrer eigenen Freude und Begeisterung über das an diesem Morgen Erlebte teilhaben zu lassen.

Platte River, Nebraska
Toms Hütte
17. März 2009

Lieber Jason, liebe Patricia!

Wieder erlebe ich hier mit Tom Mangelsen
den Zug der Kanadakraniche und Schneegänse. Jedes Jahr bleiben sie ein paar Wochen
hier am Platte River und stärken sich mit
Körnern, die nach der Ernte liegen bleiben.
Sie bereiten sich auf den Flug zu ihren
Brutplätzen vor, in Alaska und Sibirien.

Ich schreibe Euch, weil ich die Schönheit
und Magie ihrer wilden Stimmen mit Euch
teilen möchte. Es ist ein großes Glück, dass
ich einen so wunderbaren Freund wie Tom
habe, der mich Jahr für Jahr hierher einlädt.
Das gibt mir jedes Mal neue Kraft für den
Kampf um den Erhalt der Wildnis.

Ich hoffe, dass ihr irgendwann auch
einmal herkommen könnt.

Alles Liebe, Jane

London, England, 2009

Am Himmel über London zieht nur ein einzelner großer Metallvogel seine Bahn, und in den Straßen der britischen Hauptstadt herrscht die übliche hektische Betriebsamkeit. Nicht ganz so hektisch, aber ähnlich betriebsam geht es in dem kleinen Büro des Jane Goodall Institute zu. Zwischen vielen Aktenordnern, Mappen und Dokumentenstapeln, zwischen Computer, Fax und Kopiergerät an ihrem kleinen Schreibtisch sitzend bearbeitet Mary Lewis, seit zwanzig Jahren Jane Goodalls rechte Hand, die Anfragen, die täglich aus aller Welt eintreffen. Meist geht es darin um Vorträge, Konferenzen, Interviews und Pressetermine, um die Tätigkeiten der Jane-Goodall-Institute und um die Aktivitäten der vielen »Roots & Shoots«-Gruppen rund um den Globus.

Gerade versucht Mary Lewis am Telefon, mehrere von Jane Goodalls Verpflichtungen zeitlich so zu koordinieren, dass alles reibungslos abläuft, aber auch noch Platz für ein wenig Familienleben bleibt:

»... und dann kann sie am 8. Juli nach Dar Es Salaam fliegen«, teilt sie dem Anrufer mit, während sie die eng beschriebenen Seiten des Terminkalenders hin- und herblättert. »Ich hoffe, dass sie rechtzeitig ankommt und an dem Abend noch Zeit für ihre Enkel hat. ... Ich weiß nicht, wie spät es wird, aber ich hoffe, dass es klappt.«

Sie greift nach einer flachen Mappe und sucht darin die Informationen, die sie dem Gesprächspartner durchgeben muss. »Das wäre wirklich nett! Denn am nächsten Morgen ... Ich hoffe, Grub schickt einen Zeitplan. Jane reist dann mit Tony Collins ab, um sich das Projekt im Süden Tansanias anzusehen. Dann ist sie weg.«

Mary Lewis ist beruhigt, alles scheint zu klappen. Sie denkt daran, dass Jane Goodall in diesem Moment bereits mit einem Taxi zu ihr unterwegs ist und jeden Moment eintreffen kann.

»Und wie sieht es mit den Rückflügen nach England aus?«, erkundigt sie sich gegen Ende des Gesprächs. »Kann sie ungefähr am 13. abfliegen?« Das wird ihr bestätigt. In diesem Augenblick hört Mary Lewis draußen das bereits erwartete Taxi vorfahren.

Mary Lewis geht Jane Goodall vor der Tür ein Stück entgegen, und die beiden Frauen umarmen sich herzlich. »Hallo, Jane!« – »Hi, Maus!«, freut sich Jane Goodall. »Schön, dich wiederzusehen!« – »Komm´ rein«, meint Mary Lewis, »das Teewasser kocht schon.«

>»Manchmal frage ich mich, wie lange sie das noch so durchhalten kann. Viele von uns, die sie sehr, sehr gern haben, machen sich Sorgen wegen der ungeheuren Energie, die sie in ihre Tage und Nächte investiert.*

Vielleicht sogar mehr Energie, als sie eigentlich hat.«

Mary Lewis, Jane Goodalls Assistentin, im Film »Jane´s Journey«

TACARE —
Hilfe zur
Selbsthilfe

Tanganjikasee, Tansania, 2009

Während Jane Goodall in der kleinen Motorbarkasse von Kigoma über den Tanganjikasee nach Gombe fährt, denkt sie daran, wie sie im Jahre 1960 als junge Frau zum ersten Mal den Boden des *Gombe Stream Reservats*, heute *Gombe Stream National Park*, betrat. Damals breiteten sich dort und in der gesamten Umgebung des Tanganjikasees unübersehbare Wälder aus.

»... von Burundi südwärts, den ganzen See entlang,
auf den Gipfeln östlich des Sees ... Überall waren
Wälder. Lebensräume für Schimpansen. Dazwischen
nur ein paar kleine Dörfer.«

Jane Goodall im Film »Jane´s Journey«

Im Gebiet des Nationalparks selbst, der bereits in den frühen 1960er-Jahren mit einer Fläche von etwa 50 Quadratkilometern unter Schutz gestellt worden war, hat sich daran bis heute nichts geändert. Immer noch sind die steil vom Seeufer aufsteigenden Hänge, die sanft geschwungenen Bergrücken und die Täler, die den Park durchziehen, von teils dichtem und teils aufgelockertem alten Bergwald bedeckt.

In den 90er-Jahren des letzten Jahrhunderts unternahm Jane Goodall in einem kleinen Flugzeug einen Rundflug über das Gebiet und war entsetzt. 1960 war jeweils nur ein kleiner Ring um die wenigen Dörfer herum für den Anbau von Feldfrüchten gerodet gewesen. Jetzt erschien ihr beim Blick aus dem Flugzeug der sich am Seeufer entlangziehende schmale Streifen des Nationalparks mit seinem intakten Regenwald wie eine Oase der Schönheit. Rundherum dagegen lagen, soweit das Auge reichte, nur kahle, baumlose Hügel, denn in den drei Jahrzehnten zuvor hatten sich menschliche Siedlungstätigkeit und die damit einhergehende Abholzung des Regenwalds bis an die Grenzen von Gombe hin ausgebreitet und die dort lebenden Schimpansen auf engstem Raum zusammengedrängt. Die Population von Gombe war damit praktisch eingeschlossen.

»*Offensichtlich lebten dort mehr Menschen, als die Landschaft vertragen konnte. Man sah, wie verheerend es ist, steile Hänge zu bewirtschaften. Es hatte Erdrutsche gegeben.*«

Jane Goodall im Film »Jane´s Journey«

Jane Goodall erkannte, dass die Existenz des kleinen Schimpansenbestands in Gombe akut bedroht war und dringend etwas unternommen werden musste. Aber gleichzeitig erkannte sie, dass dies nicht ohne die Unterstützung der Bevölkerung der umliegenden Region zu schaffen war. Man konnte den Menschen, die selbst nichts hatten und auf ihren kleinen, mühsam dem Regenwald abgerungenen Feldern ums Überleben kämpften, nichts verbieten, man musste sie als Partner gewinnen.

Heute erholt sich die Vegetation rund um den Nationalpark wieder, denn im Jahr 1994 wurde auf Initiative von Jane Goodall ein Projekt ins Leben gerufen, das den beziehungsreichen Namen TACARE (Lake Tanganyika Catchment, Reforestation and Education) bekam. Mit einem ganzen Bündel von Maßnahmen dient es bis heute der Wiederaufforstung des Gebietes rund um den Gombe-Nationalpark, der Verhinderung der Bodenerosion und der Verbesserung der Lebensbedingungen der Bewohner. Einen wesentlichen Teil zu der bisherigen Erfolgsgeschichte von TACARE hat die Vergabe von Mikrokrediten an die Bevölkerung, insbesondere an die Frauen, beigetragen.

Die Idee kam Jane Goodall, als sie eine Rede des Wirtschaftswissenschaftlers aus Bangladesch, Muhammad Yunus, hörte, den sie als einen echten Helden und gleichzeitig als ihr großes Vorbild ansieht. Er hatte als Erster begonnen, den Ärmsten der Armen in seiner Heimat unter bestimmten Bedingungen und gegen moderate Zinsen kleinste Summen als Kredit zur Verfügung zu stellen. So bekamen diese Menschen die Chance, zum ersten Mal in ihrem Leben wirtschaftlich auf eigenen Füßen zu stehen. 2006 erhielt Yunus den Friedensnobelpreis – für die Förderung wirtschaftlicher und sozialer Entwicklung von unten.

>*Er stellte mir Frauen vor, die durch sein neues*
>*Programm zum ersten Mal Geld in der Hand hatten.*
>*Ganz klein anfangen, das Geld zurückzahlen und*
>*beim nächsten Mal einen größeren Kredit bekommen*
>*... Dadurch entwickeln diese Frauen Stolz auf ihr*
>*Eigentum.*«

Jane Goodall im Film »Jane´s Journey«

Eine wichtige Voraussetzung für die Kreditgewährung im Rahmen von TACARE ist die Umweltverträglichkeit der von den Frauen geplanten Projekte. In der Umgebung des Nationalparks bestehen inzwischen schon in 27 Dörfern Baumschulen. Natürlich ist es erforderlich, die Projekte beratend zu begleiten und die Einhaltung der Vergaberichtlinien zu kontrollieren. Deswegen reist Jane Goodall in der Umgebung des Gombe-Nationalparks von Dorf zu Dorf und hört geduldig zu, wenn die Bewohner ihr begeistert schildern, wie sehr sie die Prinzipien der nachhaltigen Bodennutzung verinnerlicht haben.

>*Wenn ich die Frauen besuche, die Mikrokredite in*
>*Anspruch nehmen, wie zum Beispiel Gertruda, ist es*

meine Aufgabe, mir ihre Geschichten anzuhören,
damit ich weiß, was sie tun und es weitergebe. Diese
Geschichten sind eine Botschaft für die Außenwelt.«

Jane Goodall im Film »Jane´s Journey«

Während Jane Goodalls Anwesenheit in Gombe ist fast täglich eine kleine, aus drei Geländewagen des Jane Goodall Instituts von Tansania bestehende Karawane zu den Ortschaften der Region unterwegs. Die Bewohnerin eines der Dörfer, Gertruda, führt die Besucher voller Stolz durch ihre Plantage, die sie mithilfe der von TACARE vermittelten Kredite verwirklichen konnte. Sie hat den Sinn ihrer Investition und ihrer täglichen Arbeit verstanden. »Wenn es keine Umwelt mehr gibt, gibt es auch keine Menschen mehr«, erklärt sie im Kreise ihrer Familie sitzend, »ohne Umwelt können wir nicht überleben.«

»Ich höre mir also ihre Geschichten an, aber gleich-
zeitig prüft man auch, ob das Programm funktio-
niert, und man stellt Fragen.«

Jane Goodall im Film »Jane´s Journey«

Der junge Luziro Shaonansia pflanzt Bäume an, deren Holz er nach einigen Jahren, wenn sie groß genug geworden sind, mit Gewinn verkaufen kann. Er weiß, dass er damit auch ein gutes Werk für die Umwelt vollbringt, indem er die Erosion des Bodens verhindert. Denn wo früher die bloße Erde an den Hängen bei Regen ins Rutschen geriet, wird sie heute von den Wurzeln der Bäume gehalten, die Luziro als kleine Stecklinge in den Boden eingebracht hat. Inzwischen bilden diese einstigen Stecklinge schon einen richtigen Wald, dessen Blätterdach Schutz vor der Sonne spendet, während Luziro der Besuchergruppe bei einem Rundgang mit weit ausholenden Armbewegungen das Ergebnis seiner Arbeit der letzten Jahre zeigt.

Einer der Bäume, an denen ihr Weg vorbeiführt, hat einen Durchmesser von sicherlich schon 25 Zentimetern. Jane Goodall berührt seine Rinde mit den Händen und fragt: »Luziro, wann hast du den Baum gepflanzt?« – »Vor fünf Jahren!«, antwortet der nicht ohne Stolz. »Wirklich?«, staunt Jane Goodall. »Erst vor fünf Jahren?« Luziro weiß: Wenn er diesen Baum noch ein paar Jahre wachsen lässt, ihn dann fällt und sein Holz sorgfältig zuschneidet und verkauft, dann kann er mit dem Erlös die Schulbildung eines seiner Kinder bezahlen. Mit dieser Gewissheit kann er zuversichtlich in die Zukunft schauen.

Die kleine Gruppe wandert weiter durch Luziros Wald. »Als ihr hier angefangen habt, waren da überhaupt keine Bäume da?«, will Jane Goodall wissen. »Kein einziger Baum«, bestätigt Luziro, »nur Kaffeepflanzen.« Jane Goodall deutet auf einen der Bäume, der die anderen deutlich überragt. »Es wäre schön«, schlägt sie vor, »diesem großen, alten Baum einen Namen zu geben.« – »Dann nenne ich ihn«, lacht Luziro, »Jane Goodall!« – »Gut«, meint die frischgebackene Baum-Taufpatin ebenfalls lachend, »wir bringen beim nächsten Besuch eine kleine Gedenktafel mit, auf der ›Jane Goodall‹ steht.«

Der Tag neigt sich seinem Ende zu, als Jane Goodall gemeinsam mit Emmanuel Mtiti, einem Mitarbeiter des Jane Goodall Instituts in Tansania, auf einem Berg im Hinterland von Gombe steht. Von hier oben geht der Blick weit über die jetzt schon wieder mit einer zaghaften Strauchvegetation überzogene Landschaft. Es besteht wieder Hoffnung für die Natur rund um den Nationalpark von Gombe und den Tanganjikasee und auch für die Menschen, die in ihr leben. Genau das drückt Jane Goodall in einem Brief aus, den sie am Abend an ihre Schwester Judy im fernen England richtet.

Kigoma

14. Januar 2009

Liebe Judy!

Es war absolut wunderbar, mit Mtiti mit-
zugehen, und das Wunder, das sich hier er-
eignet hat, mit eigenen Augen zu sehen. Ich
war sehr gerührt. Wir blickten über die
Hügel hinter Gombe, die noch vor fünf
Jahren kahl und wüstenhaft waren. Doch
weil die Dorfbewohner TACARE so sehr
lieben, weil sie Mtiti und seinem Team endlich vertrauten, kamen sie überein, den Wald
wieder wachsen zu lassen. Nun sind aus
den scheinbar toten Baumstümpfen Bäume
geworden. Sie bilden eine Pufferzone um
den Nationalpark. Bald können die Schimpansen mit anderen Gruppen interagieren, von
denen sie lange abgeschnitten waren.

Und die Menschen wissen, dass nicht
nur die Schimpansen von der gesünderen
Natur profitieren, sondern auch sie und
ihre Kinder.

Der Zauber des »Hippo-Pools«

Makangaga, Tansania, 2009

Die staubige Piste, die fast schnurgerade durch die tansanische Savanne nach Süden führt, ist schmal, gerade breit genug für den großen weißen Landrover, den Grub steuert. Immer wieder muss er auf den Grasstreifen ausweichen, weil rechts oder links Fußgänger und Mopedfahrer unterwegs sind. Den Platz neben Grub hat seine Mutter eingenommen, auf der Rückbank sitzen seine Tochter Angel und sein ältester Sohn Merlin.

Jane Goodalls Sohn will mit seiner Familie an diesem Tag zu einem Ort in Tansania fahren, der auf seine Besucher eine ganz besondere Magie ausstrahlt. Die Region, in der er liegt, galt über Jahrzehnte als vergessener, weil gänzlich unerschlossener Teil des Landes. Doch in den letzten Jahren hatten für dieses Gebiet immer mehr Safari-Veranstalter Anträge auf Jagdlizenzen gestellt, weil sie sich wegen der vielen dort lebenden Tiere gute Geschäfte erhofften.

Am Ziel ihrer Fahrt, einem von vielen großen und kleineren Seen und Teichen durchzogenen Waldgebiet, werden sie von einem großen, drahtigen Mann mittleren Alters erwartet. Sein Name ist Yahaia, aber besser bekannt ist er als der »Hippo-Flüsterer«. Schweigend führt er die Besucher hinein in den Schatten der Bäume, und von einem Moment auf den anderen fühlen sich Jane Goodall, ihr Sohn und seine beiden Kinder in eine andere Welt versetzt. Der weiche Waldboden, auf den die wenigen, durch das Blätterdach dringenden Sonnenstrahlen kleine tanzende Lichtreflexe zaubern, dämpft das Geräusch ihrer Schritte, und je weiter sie Yahaia in den Wald hinein folgen, umso mehr werden sie von dem eigentümlichen Reiz umfangen, der diesen Ort umgibt.

Still ist es hier, und unter den Bäumen scheint sich nichts zu regen. Ein sanfter, warmer Wind kräuselt die Oberfläche der kleinen Waldteiche und treibt dabei winzige, wie schneeweiße Daunen anmutende Blüten vor sich her, die von den Bäumen am Rand herabgeweht werden. Die Vegetation ist üppig, aber der Bewuchs lässt ausreichend Platz, sodass die kleine Besuchergruppe ungehindert vorwärtskommt. An einer Stelle müssen sie über ein dichtes Geflecht aus bloßliegenden Baumwurzeln steigen, und der zwischen den Wurzeln wie blankpoliert wirkende Waldboden lässt ahnen, dass hier eine ständige Bewegung von Lebewesen stattfindet. Und tatsächlich gibt es reichlich Leben im Wald. Am Rand eines ausgedehnten Wasserlochs liegen zwei große Krokodile nebeneinander und lassen sich von der Sonne wärmen. Während das eine von ihnen die Eindringlinge nicht weiter beachtet und unbeeindruckt weiterdöst, beschließt das andere, sich lieber unter Wasser unsichtbar zu machen. Nur einige kleine Wellen verraten noch ein paar Sekunden lang die Stelle, an der sein massiger Körper abgetaucht ist. Einige Meter weiter erhebt sich ein Schreiseeadler mit mächtigen Flügelschlägen von seinem Ast, als sich die Menschen nähern, und an einer anderen Stelle lauert ein buntschillernder Eisvogel am Ufer darauf, dass seine Beutetiere, winzige Fischchen, in seine Reichweite geraten, sodass ein Tauchgang lohnenswert erscheint.

Als ganz in der Nähe ein sonores, langgezogenes Grunzen ertönt, hält Yahaia leicht geduckt inne und bedeutet den anderen mit Gesten, stehen zu bleiben und sich ruhig zu verhalten. Langsam bewegt er sich zu einer Lücke zwischen den Bäumen, die einen weiten Blick auf die vor ihm liegende Wasserfläche erlaubt, und zeigt hinaus auf den See. Was da draußen auf den ersten Blick wie eine kleine Insel aussieht, ist das mächtige Haupt eines Flusspferds, von dem nur die Ohren und die seltsam nach oben ausgestülpten Augen über die Wasseroberfläche ragen. So leise sich die Menschen auch genähert haben, das Tier hat sie mit seinen scharfen Sinnen längst bemerkt, denn einen Augenblick später ist sein Kopf untergetaucht, und nur ein paar Luftblasen zeugen von seiner vorherigen Anwesenheit.

Yahaia bleibt gelassen, denn er weiß, seine Gäste werden gleich genug Flusspferde zu sehen bekommen. Er richtet sich am Ufer auf und beginnt, in seinem Heimatdialekt halblaut einen angenehm klingenden, melodischen Sprechgesang über die jetzt regungslose Wasseroberfläche zu schicken. Und dann erleben Jane Goodall, ihr Sohn und ihre Enkel hautnah, warum Yahaia den Beinamen »Hippo-Flüsterer« trägt, und warum dieser Ort der »Hippo-Pool« genannt wird. Wie durch einen Zauber tauchen auf Yahaias gedämpfte Rufe hin fast geräuschlos immer mehr Flusspferdköpfe aus dem Wasser auf und wenden sich den Menschen am Ufer zu. Fast scheint es, als würden die Tiere ihre Ohren spitzen, nachdem sie das nach dem Tauchen darin verbliebene Wasser herausgeschüttelt haben, um Yahaias Rede besonders aufmerksam verfolgen zu können. Fasziniert nehmen Jane Goodall und ihre Familie das Naturschauspiel, das da vor ihren Augen stattfindet, in sich auf. Ein gutes Dutzend der tonnenschweren Giganten ist es schließlich, die noch kurz zuvor unter Wasser allen Blicken entzogen waren und deren Ohren, Augen und Nasenlöcher jetzt über der Oberfläche zu schweben scheinen. Keiner aus der am Ufer ehrfürchtig verharrenden Gruppe kann sich des Gefühls erwehren, soeben etwas Unwirkliches und Übernatürliches erlebt zu haben, etwas, das sich jeglichem Versuch entzieht, es rational oder sogar wissenschaftlich erklären zu wollen.

»Ich war erst vor gut einem Jahr zum ersten Mal am
›Hippo-Pool‹. Und ich habe mich in diesen Ort
verliebt. Ich dachte sofort, dass wir etwas tun
müssen, um ihn zu bewahren.«

Grub, Jane Goodalls Sohn, im Film »Jane´s Journey«

*»Normalerweise interessiere ich mich nicht so sehr für
Flusspferde. Doch diese Flusspferde haben etwas an sich
... Sie haben keine Angst, und dass sie keine Angst
haben, liegt daran, dass seit Jahrhunderten eine Familie
aus einem Dorf in der Nähe die Flusspferde beschützt,
und auch die anderen Lebewesen in diesem Gebiet.«*

Jane Goodall im Film »Jane´s Journey«

Der »Hippo-Flüsterer« Yahaia hat inzwischen eine bequeme Sitzposition auf dem Boden eingenommen und spricht weiter zu den Flusspferden, die sich wie vorher nur mit einem winzigen Teil ihrer riesigen Körper zeigen und dem Menschen am Ufer so interessiert zuhören, als könnten sie jedes seiner Worte verstehen. Ab und zu schmückt Yahaia seine Rede mit kurzen Gesten, zeigt erst auf die Flusspferde, dann wieder auf sich oder in eine andere Richtung, wobei er immer den Blickkontakt zu ihnen hält. Als würde er mit guten Freunden plaudern, erklärt er den Flusspferden, dass Jane und Grub gekommen sind, um ihm zu helfen, sie weiterhin zu beschützen. Denn nach einer uralten Übereinkunft sorgen die Hippo-Flüsterer seit Generationen für den Schutz der Flusspferde, und die achten im Gegenzug darauf, dass den Dorfbewohnern und ihren Kindern nichts geschieht, wenn sie zum Fischen hierher kommen.

»Er scheint eine magische Verbindung mit den Flusspferden zu haben. Es ist eine erstaunliche Geschichte, die er da erzählt: Die Dorfbewohner glauben, dass die Flusspferde ihre Vorfahren sind, und dass es ihre Pflicht ist, sie zu beschützen.«

Grub, Jane Goodalls Sohn, im Film »Jane´s Journey«

»Grub träumt davon, hier einen sehr sanften und hochwertigen Tourismus zu etablieren. Öko-Tourismus. Menschen, die wirklich die Natur respektieren und Ehrfurcht vor diesem außergewöhnlichen, urzeitlichen Ort haben. Wenn das funktioniert, wird das ganze Gebiet viel besser geschützt, denn ... es ist so wie im Gebiet um Gombe: Die Dorfbewohner profitieren von den Einnahmen durch den Tourismus.«

Jane Goodall im Film »Jane´s Journey«

Yahaia hat seinen Monolog zu Ende gebracht, und jetzt, da er schweigt, beginnen die Flusspferde, ihre lang gezogenen, wohltönenden Grunzlaute auszustoßen, so, als wollten sie noch mehr von ihm hören und ihn auffordern, mit seinen Erzählungen fortzufahren. Aber Yahaia hat genug gesprochen, und vielleicht gibt es ja am nächsten Tag etwas Neues, was er dann seinen Flusspferden berichten kann.

> *»Das Wunderbare daran, einen solchen Ort zu*
> *entdecken, ist die Tatsache, dass er dabei geholfen*
> *hat, meine Mutter und mich enger zusammenzu-*
> *bringen, denn es ist wohl das erste Mal, dass wir*
> *tatsächlich an einem gemeinsamen Projekt arbeiten.*
> *Wir arbeiten für dasselbe Ziel.«*
>
> Grub, Jane Goodalls Sohn, im Film »Jane´s Journey«

> *»Es hat für uns als Familie eine heilende Wirkung.*
> *Wir sind alle gemeinsam hier. Es ist ein neues*
> *Wagnis, in das ich mich gestürzt habe: Ich helfe Grub*
> *und seinen Partnern, zum Teil, weil ich diesen Ort*
> *liebe, aber auch, weil es so spannend ist, etwas mit*
> *ihm gemeinsam zu tun. Und dass wir es als Familie*
> *machen, finde ich wunderbar!«*
>
> Jane Goodall im Film »Jane´s Journey«

Angaangaq, der Botschafter des schmelzenden Eises

Bei Kangerlussuaq, Grönland, 2009

Nur wenige Tage ist es her, als Jane Goodall in Tansania magische Momente am Hippo-Pool von Makangaga, nur ein kleines Stück südlich des Äquators, erlebte. Jetzt liegt eine Reise von mehr als 10 000 Kilometern hinter ihr, die sie über fast 80 Breitengrade hinweg ziemlich genau bis zum nördlichen Polarkreis geführt hat, nach Kangerlussuaq auf Grönland.

Die nur wenige hundert Einwohner zählende Ortschaft im Westen der größten Insel der Welt liegt rund 200 Kilometer im Landesinneren, ganz am Ende eines Fjords. Noch einmal gut 30 Kilometer sind es von Kangerlussuaq bis zur »Wand aus Eis«, wo Grönlands grüner Küstenstreifen endet und sich unvermittelt der mächtige grönländische Eisschild mit seiner tief zerklüfteten Oberfläche aus der niedrigen Vegetation der Tundralandschaft erhebt. Dort, an der markanten Grenzlinie zwischen arktischer Flora und kaltem Eis wird Jane Goodall ihren alten Freund Angaangaq Angakkorsuaq treffen, den Inuit, dessen Name übersetzt etwa so viel bedeutet wie »Der Mann, der so aussieht wie sein Onkel«.

Bereits aus weiter Entfernung kann sie ihn durch ihr kleines Fernglas, das sie wie immer bei sich trägt, erkennen. Angaangaq hat sich auf einer großen, freien Fläche mitten im niedrigen Bewuchs der Tundra und – mit gutem Grund – in sicherer Entfernung von der »Wand aus Eis« auf einem Rentierfell niedergelassen. Vor sich hat er aus Reisig ein großes Lagerfeuer entzündet. Durch das beständige Pfeifen des Windes dringt ein monotoner, leicht klagender Gesang zu Jane Goodall herüber. Angesichts dieses eher archaischen Bildes ist kaum vorstellbar, dass derselbe Angaangaq, der dort einsam an seinem Feuer singt, einen großen Teil des Jahres in eine völlig andere Rolle schlüpft. Genau wie Jane Goodall reist er dann durch die Metropolen der Welt, hält Vorträge, nimmt an Konferenzen teil und spricht vor verschiedenen UNO-Ausschüssen. Denn Angaangaq, der Inuit, hat für sein Volk die Aufgabe übernommen, die katastrophalen Folgen der globalen Erwärmung, die in der Hauptsache auf menschliche Einflüsse zurückzuführen ist, in das Bewusstsein der Menschen zu bringen.

Die Auswirkungen der sich erwärmenden Erdatmosphäre waren für die Inuit bereits in den späten 1960er-Jahren erkennbar, als woanders noch niemand davon sprach. Der auf einem großen Teil von Grönland lastende und bis zu drei Kilometer starke Eisschild, der sich seit Menschengedenken kaum verändert hatte, begann plötzlich immer schneller abzuschmelzen. Gegenwärtig nimmt dieser Eisschild dreimal schneller ab als noch vor fünf Jahren, und wenn sich der Prozess in dieser Geschwindigkeit fortsetzt, wird der Meeresspiegel erheblich ansteigen und ganze Küstenstriche unter Wasser setzen; die sich ändernden Meeresströmungen werden in weiten Gebieten des Planeten Klimaveränderungen bewirken, deren Folgen derzeit niemand einschätzen kann.

Angaangaq schildert Jane Goodall, dass die Eiswand in seiner Jugendzeit etwa tausend Meter hoch war, heute seien es gerade noch dreihundert Meter und die Höhe nehme ständig ab. Und noch während sich die beiden unterhalten, bricht drüben von der »Wand aus Eis« wie zur Bestätigung der drohenden Gefahr ein Stück des Eises ab, groß wie ein Einfamilienhaus, und stürzt donnernd in die Tiefe. Bei seinem Aufprall auf dem felsigen Boden zerbricht es in Millionen kleiner Teile, die sofort von dem das ganze Jahr hindurch vor der Wand dahinfließenden Schmelzwasserfluss aufgenommen und Richtung Ozean fortgeschwemmt werden. Und so ist auch an diesem Tag hier, wie an vielen anderen Stellen auf Grönland, wieder ein Teil des Eisschildes, der sich in den vergangenen Hunderttausend Jahren aufgebaut hat, unwiederbringlich verloren gegangen. Niemand weiß, was die nächsten Jahrzehnte bringen werden, aber zurzeit sieht es so aus, als sei das »ewige« Eis der Arktis irgendwann Geschichte.

Grönland

29. Juli 2009

Lieber Merlin, liebe Angel!

Es ist kaum zu glauben, dass wir erst vor drei Tagen zusammen am »Hippo-Pool« waren. Ich wünschte, ihr wärt jetzt bei mir, an der großen Wand aus Eis. Ich bin mit Angaangaq hier. Der Inuit wurde von seinem Volk dazu bestimmt, um die Welt zu reisen und uns alle wachzurütteln, weil das Eis schmilzt.

Es ist so Ehrfurcht gebietend schön und gleichzeitig so erschreckend. Vor 30 Jahren schmolz das Eis hier nie, nicht einmal im Sommer. Und nun schmilzt es so ungeheuer schnell. Das Geräusch der gewaltigen Platten, die von der Eiswand abbrechen, und das Donnern, wenn sie herabstürzen ...

Das erinnert mich an den Tod großer Bäume, die im Wald gefällt werden. Ich werde es nie vergessen.

The Birches, der Mittelpunkt der Welt

Bournemouth, England

Nur an wenigen Tagen im Jahr ist es Jane Goodall vergönnt, in
The Birches zu sein, dem Haus, in dem sie und ihre Schwester
Judy groß geworden sind. Dann nutzt sie die Zeit, um tagsüber
mit Judy und deren drei Hunden lange Strandspaziergänge an der
Kanalküste entlang zu machen; und abends, am gemütlichen Ka-
minfeuer, lässt sie sich im Kreise ihrer Lieben verwöhnen.

»Wenn ich zwischen den Reisen heim nach Bourne-
mouth komme, ist Judy da. Sie ist wirklich eine
Heilige. Sie zündet immer ein Feuer für mich an, hat
immer Whisky und meine Lieblingsspeisen da.
Naturkost, Käse und so weiter.«

Jane Goodall im Film »Jane´s Journey«

Aber auch hier in Bournemouth lässt die Arbeit Jane Goodall nicht los. Dann zieht sie sich in ihr Zimmer oben im Giebel zurück, legt sich auf ihr Bett, schreibt an ihrem neuesten Buch weiter und beantwortet E-Mails über ihren Laptop, während »Mr. H.« ihr von seinem Stammplatz auf der Fensterbank aus zuschaut. Auf diese Weise hält sie auch von *The Birches* aus Kontakt zu den vielen Menschen, die weltweit genau wie sie täglich für die gute Sache tätig sind.

»Wir alle versuchen, ihr möglichst viel Entspannung
zu verschaffen, wenn sie hier ist. Manchmal tut sie
mir richtig leid. Wenn sie kommt, ist sie total
erschöpft, aber sie macht trotzdem weiter. Sie hört
nie auf. Das kann sie nicht. Sie weiß gar nicht, wie

das geht. Wenn der Arzt sie untersucht, sagt er: ›Sie
sind kerngesund. Zäh wie ein Ochse. Erstaunlich!‹
Dennoch mache ich mir Sorgen. Ich sage: ›Tritt
kürzer!‹
Aber inzwischen hab ich´s aufgegeben, denn sie hört
ja doch nicht. Und die Leute können sich ihr Leben
gar nicht vorstellen. ›Sie muss doch Urlaub haben.‹
Nein, hat sie nicht. ›Aber was ist mit Weihnachten?‹
Da telefoniert sie die ganze Zeit. Sie ist immer in
Fahrt.«

Judy Waters, Janes Schwester, im Film »Jane´s Journey«

Und dann, nach kurzer Zeit, treibt sich Jane Goodall selbst
wieder aus der Geborgenheit von *The Birches* hinaus in die Welt,
denn sie hat noch viele Aufgaben zu bewältigen. Die Städte, in
denen sie sich aufhält, wechseln in schneller Folge, und sie verbringt jährlich mehr Zeit irgendwo in irgendeinem Flugzeug
über den Wolken als daheim in Bournemouth oder sonst an einem Ort. Wo sie auftritt, mit ihrem unermüdlichen Mitstreiter
»Mr. H.« auf dem Arm, sind ihr stehende Ovationen sicher, ob
in einem Vortragssaal in China, einem Stadion in den USA oder
woanders auf einem der fünf Kontinente, ob vor Schülern der

Internationalen Schule in Wien oder auf dem »Gnadenhof« Gut Aiderbichl bei Salzburg in Österreich, dessen Besitzer Michael Aufhauser unlängst 40 Schimpansen aus einem Forschungslabor für den Rest ihres irdischen Daseins ein würdiges Leben wiedergegeben hat.

>*»Heute gibt es wohl Millionen von Problemen auf der Welt, soziale und umweltbedingte. Ich weiß, womit wir zu kämpfen haben. Aber ich spüre auch, dass es so etwas wie ein Erwachen gibt, in verschiedenen Ländern und auf verschiedenen Gesellschaftsebenen, vor allem aber in der Jugend. Wenn ich den verheerenden Zustand der Umwelt sehe, dann erkenne ich: Okay, ich tue, was ich kann, indem ich um die Welt reise und diese Botschaften verbreite. Aber das ist nicht genug. Ich muss mehr tun, mehr Menschen inspirieren, mehr Menschen zusammenbringen, ein noch größeres Gefühl von Dringlichkeit erzeugen.«*
>
> Jane Goodall im Film »Jane´s Journey«

Jane Goodall wird weitermachen,
solange ihr die Kraft gegeben ist.

Epilog

Boise, Idaho

Chandler Schaak, der Jugendreporter von »Roots & Shoots«, der Jane Goodall auf ihrer Fahrt zum Zoo von Boise begleitet, ist fast am Ende seines Interviews angelangt. »Das wäre eigentlich alles«, meint er nach einem Blick in seine Unterlagen, aber dann stellt er Jane Goodall noch eine abschließende Frage: »Möchten Sie der Jugend der Welt noch etwas sagen?«

»Ja«, antwortet Jane Goodall, »ich möchte der Jugend sagen: Vergesst nie, dass ihr an jedem Tag eures Lebens etwas bewirkt. Ihr habt Einfluss auf die Welt und könnt entscheiden, welcher Einfluss das ist. Euer Leben ist von Bedeutung, und ihr bewirkt etwas.«

»Das ist sehr, sehr gut«, findet Chandler und schaltet sein Diktiergerät ab. »Okay, das war's! Vielen Dank!«

Über die Entstehung des Films

von Lorenz Knauer

Die Geschichte von JANE'S JOURNEY geht zurück bis ins Jahr 1990, als ich Jane Goodall in New York City zum ersten Mal persönlich begegnete. Ich war so tief beeindruckt, dass ich im Lauf der Zeit die eigentlich verrückte Vision entwickelte, einen Kinofilm über diesen außergewöhnlichen Menschen zu machen. Warum verrückt? Weil ich ja wusste, dass schon etliche Fernsehdokumentationen über sie gemacht worden waren ... Wer also sollte ausgerechnet einem deutschen Regisseur eine weitere Doku über Jane Goodall finanzieren? Was ich zum Glück aber nicht einmal ahnte: Dass vor mir bereits mehrere Hollywoodproduzenten erfolglos versucht hatten, die Rechte an der Verfilmung von Janes Leben zu erwerben. Wie sie mir später einmal lachend sagte: »Ich habe denen immer gesagt: ›Solange ich lebe, will ich das nicht!‹«

Es sollten aber noch 15 Jahre vergehen, bis sich Jane bei einem Besuch in München wundersamerweise von meiner Idee begeistern ließ:

Ich wollte zum ersten Mal vor allem den privaten Menschen hinter der weltberühmten öffentlichen Ikone zeigen und zugleich deutlich machen, was es ist, das diese Frau vorantreibt und ihr Kraft gibt für ihren Kampf um das Überleben des Planeten Erde.

Im Herbst 2007 konnte es endlich losgehen. Zunächst nur mit einem Minibudget, dank einer Projektentwicklungsförderung des Filmfernsehfonds Bayern. Ich begleitete Jane viele Wochen lang allein mit der Kamera auf einer Vortragsreise durch die USA, um die Vertrauensbasis für den späteren Hauptdreh zu legen. Und schon über diese Zeit hätte ich einen eigenen Film machen können:

Es war beeindruckend zu erleben, mit welch enormer Energie sie Tag für Tag einen Vortrag nach dem anderen in einer Stadt nach der anderen hielt, wie sie nach jedem Vortrag noch stundenlang Bücher signierte, um den Kontakt zu ihrem Publikum zu vertiefen, wie sie oft erst gegen Mitternacht ins Hotel zurückkehrte und dann noch per Telefon Interviews mit Journalisten in einer anderen Zeitzone oder auf einem anderen Kontinent führte.

Doch dann kam das Jahr 2008 mit der Finanzkrise, die in den USA schon im Frühling ihre Spur der Verwüstung zu hinterlassen begann; auch JANE'S JOURNEY wurde in den Strudel hineingezogen, gleich zweimal hintereinander sprangen unsere amerikanischen Co-Produktionspartner ab und es sah monatelang so aus, als wären alle Vorbereitungen vergebens gewesen. Doch buchstäblich in letzter Minute gelang es, in Deutschland einen weiteren Koproduzenten zu finden, der von Janes Botschaft ebenso beeindruckt war wie vom Potenzial des Films, sodass er beschloss, das finanzielle Risiko mit zu übernehmen ... ein kleines Wunder!

Ein weiteres Wunder erlebte ich im November 2008, als ich Jane zu letzten Drehvorbereitungen in Bournemouth besuchte: Fast beiläufig gab sie mir eine DVD mit »... irgendwelchen alten Aufnahmen, die hat die Judy vor ein paar Monaten auf dem Speicher gefunden ... Schau doch mal, ob du damit was anfangen kannst.«

Als ich auf dem Rückflug nach München diese DVD auf meinem Laptop abspielte, blieb mir beinahe das Herz stehen vor Freude: Das waren unbezahlbare Bilder aus Janes Privatleben, Szenen aus dem Dschungelcamp in Gombe, Flitterwochen mit Hugo, Grubs Kinderjahre ... unfassbar! Und dieser Schatz hatte in Form von 8mm-Filmrollen 40 Jahre lang vergessen in einer Plastiktüte im Dachspeicher von *The Birches* gelagert ...

So konnte dann endlich – mit fast einem Jahr Verspätung – im Januar 2009 die zweite Phase in Tansania beginnen: Dreharbeiten in Janes Haus in Dar Es Salaam, in Kigoma am Lake Tanganjika, im UNHCR-Flüchtlingscamp in Lugufu, in den TACARE-Projekten im Hinterland des Gombe Stream Nationalpark und als Höhepunkt:

Die Begegnung zwischen Jane und »ihren« Schimpansen. Mit Worten eigentlich nicht adäquat zu beschreiben; atemberaubend, haarsträubend, spannend, berührend ... Auf jeden Fall: unvergesslich. Jane fragte am Ende dieser gemeinsamen Tage fast nebenbei, ob wir eigentlich wüssten, wieviel Glück wir hatten, so vielen Schimpansen in so kurzer Zeit begegnet zu sein? Andere Filmteams hätten in drei Monaten Drehzeit nicht so viele ihrer Primaten-Freunde vor die Kamera bekommen wie wir in drei Tagen!

Ab diesem Zeitpunkt nannten wir es im Team nur noch »Janemagic«, wenn das Unmögliche wieder einmal möglich wurde, wenn sich nach stundenlangen Regenfällen genau zum richtigen Zeitpunkt die Wolken verzogen oder sich vor laufender Zeitlupenkamera eine gigantische Platte vom schmelzenden Eispanzer Grönlands löste ...

Die größte Schwierigkeit bei der Planung lag immer darin, dass sich die Filmaufnahmen nahtlos in Jane Goodalls aberwitzig dicht gedrängten Terminkalender einfügen mussten, der teilweise schon zwei Jahre im Voraus ausgebucht ist: Auf Wettereinflüsse oder Lichtstimmungen konnte so gut wie keine Rücksicht genommen werden, unser kleines Team musste immer mit den gegebenen Umständen fertig werden und das ständig unter extremem Zeitdruck. Eigentlich ein Wahnsinn, wenn man weiß, dass wir zeitweise nur zu viert unterwegs waren, mit 1000 kg Gepäck, verteilt auf 35 Metallkisten ...

Im März 2009 folgte der nächste Drehabschnitt in London, wo wir Jane bei der Arbeit mit ihrer »rechten Hand« Mary Lewis beobachten konnten. Dann ging es nach *The Birches* in Bournemouth, zu ihrer Schwester Judy, zu ihren Nichten und Groß-Neffen und den für Jane so wichtigen Hunden.

In ihrem »Adlerhorst«, wie sie ihr bescheidenes Zimmerchen unterm Dach von *The Birches* nennt, gewährte sie derart tiefe Einblicke in ihre private Vergangenheit, dass mein Kameramann Richard Ladkani bemerkte, er habe für eine Weile vollkommen vergessen, dass er ja eigentlich hinter der Kamera stand und drehte ... so faszinierende Dinge habe Jane erzählt.

Von Bournemouth aus folgten wir ihr auf einer Reise durch Nordamerika, die mit einem weiteren Höhepunkt beginnen sollte: Janes alljährlicher Begegnung mit den Kranichen in Nebraska. Ein Naturschauspiel von überwältigender Intensität und Schönheit ... Ich verstand sofort, was Jane meinte, als sie sagte, sie fahre dort immer wieder hin, um »ihre Akkus aufzuladen«: Gemeinsam mit ihr und ihrem vertrauten Freund Tom Mangelsen gemeinsam zu erleben, wie abends über Stunden hinweg Welle auf Welle der wunderschönen Kraniche zur Landung ansetzte und wie sie sich dann im flachen Wasser des Flusses für die Nacht versammelten, das war ein besonderes Geschenk für uns alle.

Ein ebensolches Geschenk war es jeden Tag aufs Neue, bei der Knochenarbeit, die ein Dokumentarfilmdreh bedeutet, Janes unglaubliche Geduld, Bescheidenheit, Ausdauer und Professionalität zu erleben – sie sagte einfach immer, sie betrachte sich als Teil unseres Teams ... welches wir dann auch schlicht »The Jane Team« getauft haben.

Und wie Jane ihre »frisch geladenen Akkus« maximal einsetzt, konnten wir auf den nächsten Stationen, bei den Vorträgen in Denver, in Boise, und beim Besuch der Pine Ridge Reservation in South Dakota erleben.

Besonders eingeprägt hat sich mir die Trostlosigkeit des Ostersonntags 2009, da drehten wir bei grau verhangenem, bleiernem Himmel im Herzen von Pine Ridge das Interview mit dem stolzen Lakota Robert Whitemountain, dessen Sohn sich – wie so viele andere Jugendliche hier – mit 16 erhängt hatte, weil er keinen anderen Ausweg mehr sah.

Wir waren alle wie vom Donner gerührt, als dieser große und zugleich so sanfte Mann einfach in Tränen ausbrach vor unserer laufenden Kamera; und wir begriffen mit einem Schlag die Intensität und die Kraft von Jane Goodalls Botschaft der Hoffnung für Menschen, die sonst nirgendwo Gehör finden.

Die nächste Drehphase folgte im Mai in Österreich, mit Jugendlichen an der Internationalen Schule in Wien, die Roots & Shoots-Projekte in aller Welt unterstützen, und später dann auf Gut Aiderbichl bei Salzburg.

Es tut mir bis heute in der Seele weh, dass die Gut Aiderbichl-Sequenz am Ende aus Zeitgründen der Schere zum Opfer fallen musste: Es war ein perfekter, warmer, sonniger Mainachmittag und Jane saß mit Michael Aufhauser und mehreren seiner riesigen, aus dem Horror der industriellen Massentierhaltung befreiten Schweinen im Gras und freute sich wie ein kleines Kind! Sie lauschte dem glücklichen Grunzen und erzählte davon, wie sie schon als Kind mit einem Schwein Freundschaft geschlossen hatte ... Und bei der Gelegenheit sagte sie zum Michael: »Du kannst sicher sein – wenn es dein ›Gut Aiderbichl‹ schon gegeben hätte, als ich eine junge Frau war, dann wäre ich nie bis nach Gombe gekommen!«

Im Juli 2009 flogen wir ein zweites Mal nach Tansania, um zunächst einige Tage mit Janes Sohn Grub zu arbeiten; und auch er nahm uns mit auf eine sehr spannende Reise voller Erinnerungen an seine Kindheit in Gombe: haarsträubende Begegnungen mit aggressiven Pavianen, hochgiftigen Schlangen und hungrigen Schimpansen, die den kleinen Grub von den Schultern seines Vaters zu reißen versuchten, um ihn anschließend zu fressen!

Was uns alle im Team tief beeindruckt hat: Grubs entwaffnende Offenheit im Reflektieren über die schweren Konflikte zwischen ihm und seiner Mutter – wegen seiner Hochseefischerei und des Handels mit lebenden Hummern –, die zu jahrelanger Entfremdung zwischen den beiden geführt hatten ... Eines der bewegendsten, weil ehrlichsten Interviews, das ich je führen dürfte. Und eines der längsten: zweieinhalb Stunden ohne Pause.

Was wir dann am »Hippo-Pool« im Süden Tansanias erlebt haben, war von einer Intensität, die kaum noch zu überbieten ist – ganz gleich, ob es die letzte Stufe der Versöhnung zwischen Jane und Grub war, die wir mehr oder weniger »live« dokumentieren konnten, oder die Begegnung mit den Flusspferden, um die es hier ja eigentlich ging: Ständig standen wir unter Hochspannung, nicht nur wegen des aberwitzigen Zeitdrucks, sondern weil wir so »ganz nebenbei« immer aufpassen mussten, den Flusspferden nicht zu nahe zu kommen, ebenso wenig wie den wirklich sehr großen Krokodilen, die überall auf der Lauer lagen.

Doch am zweiten Tag an diesem »magischen Ort« wie ihn Jane nannte, geschah es dann: Wir waren gerade dabei, eine Einstellung am Wasser vorzubereiten, als es im Hintergrund verdächtig zu knacken und rascheln begann ... und bevor wir überhaupt Zeit hatten, uns zu verständigen, rief André Zacher, unser Tonmeister, ganz laut:

»Lauft weg, da kommen zwei Hippos!!!« Instinktiv begann ich zu rennen, aber die innere Stimme rief mich zurück ... schließlich war doch Jane noch da, und die anderen ... also drehte ich um und sah tatsächlich zwei riesige Hippos im Galopp auf Richard Ladkani und mich zukommen ... Zum Glück schlugen die beiden aber genau in diesem Moment erstaunlich elegante Haken und stürmten mit riesigem Lärm und Gespritze wieder ins Wasser zurück!

Als wir uns ein wenig gefangen hatten, erzählte Jane lächelnd und mit ihrem ebenso typischen wie unnachahmlichen Understatement, sie habe sich gar nichts dabei gedacht, schließlich sei ja Yahaia, der Hippo-Flüsterer bei ihr gewesen ... und der habe gesagt, das sei nur ein kleiner Revierkampf zwischen zwei Bullen. Sie und Yahaia hätten sich nicht vom Fleck gerührt und die zwei Kerle seien vielleicht einen Meter von ihr entfernt vorbeigedonnert ...

Was man dazu wissen muss: Unglückliche Begegnungen mit Hippos kosten in Afrika mehr Menschen das Leben als solche mit Löwen oder Krokodilen. Und wenn Hippos und Krokodile in Konfrontationen geraten, dann zieht das Krokodil garantiert den Kürzeren.

Abschließend sei noch bemerkt, dass wir alle trotz bleierner Müdigkeit eigentlich kein Auge zugetan haben in dieser Zeit ... denn nachts strichen die Hippos auf der Suche nach Futter um unsere Zelte.

So wie es im Film von Jane in ihrem Brief an Merlin und Angel gesagt wird, so geschah es in Wirklichkeit auch:

Weil Janes Terminkalender es nicht anders zuließ, fanden wir uns drei Tage nach dem Abenteuer am Hippo-Pool in einer vollkommen anderen Welt wieder – am Rande der schmelzenden Eiswüsten von Grönland ... und aufs Neue konnten wir keinen Schlaf finden – diesmal nicht wegen der wilden Tiere, sondern weil die Sonne einfach nicht unterging!

Um Mitternacht konnten wir in wunderbarem, warm-goldenen Licht mit Richard Ladkani auf seinen Geburtstag anstoßen.

Und mit Jane konnten wir die Erfahrung teilen, dass es ein Unterschied wie Tag und Nacht ist, ob man das furchterregende Tempo der Eisschmelze in Grönland selber hautnah erlebt oder es nur aus Zeitungsartikeln oder Filmberichten aus »sicherer« Distanz wahrnimmt.

Zum Abschluss reisten wir ein letztes Mal nach Bournemouth, um noch ein großes, für Jane sehr anstrengendes Interview zu drehen; darin gingen wir noch einmal alle Themen durch, die wir für besonders wichtig hielten, oder bei denen es mir schien, dass die früheren Interviews noch Ergänzungen brauchten ...

Als wir in *The Birches* ein letztes Mal spätabends vor dem Kamin zusammenkamen, um mit Jane ihr rituelles Glas Whiskey zu trinken, war es ein bewegender Abschied nach einer gemeinsamen Zeit, die keiner von uns je vergessen wird.

Insgesamt 55 Drehtage, über neun Monate verteilt, hat unser wunderbares »Jane-Team« zusammengearbeitet ...

Kamera und Steadicam	Richard Ladkani
Toningenieur	André Zacher
Kameraassistent	Richard Koburg
Produktionsleiter	Frank Siegmund

Weil das Budget am Ende nicht reichte, um Jane mit unserem Team überallhin zu begleiten, wo ich mit ihr drehen wollte und musste, war ich gezwungen, unkonventionelle Lösungen zu finden:

Ich musste aus der Ferne wildfremden Kameraleuten, deren Sprache ich z.T. nicht einmal sprach, Anweisungen geben, wie sie drehen sollten, damit sich ihr Material so nahtlos wie möglich in unser eigenes einfügen konnte. Auf diese Weise kamen noch kleine Sequenzen in Australien, Argentinien, Nepal, China, Taiwan und in Südafrika zustande ...

Den Teams und Helfern in diesen Ländern gilt mein tiefer Dank ebenso wie allen anderen, die im Hintergrund immer bemüht waren, das Unmögliche möglich zu machen. Darüber hinaus möchte ich drei Menschen ganz besonders danken, ohne die eben alles unmöglich geblieben wäre: Susana Name, die von Janes Büro in Arlington, USA, sämtliche Reisen und Termine koordiniert hat, sowie Mary Lewis, Janes unersetzlicher Freundin und Assistentin seit 20 Jahren, die von London aus an allen wichtigen Fäden immer zur richtigen Zeit gezogen hat. Und schließlich meiner Frau Monica, ohne deren Verständnis, Geduld und Liebe ich diese Herausforderung nicht hätte meistern können.

Anhang

Jane Goodall – Leben und Wirken in Stichworten

1934 Geboren am 3. April in London als ältere von zwei Schwestern. Der Vater ist Ingenieur, die Mutter Schriftstellerin. Im Alter von fünf Jahren Umzug der Familie nach Bournemouth an der Südküste Englands. Die Lieblingsbücher ihrer Kindheit sind »Tarzan« und »Dr. Dolittle«.

1952 Nach Abschluss der Secondary School Jobs als Sekretärin und Assistentin bei einer Londoner Filmfirma.

1957 Auf Einladung einer Schulfreundin erste Afrika-Reise nach Kenia. Der Anthropologe Louis Leakey, Direktor des Kenya National Museum, engagiert sie als Assistentin.

1960 Im Wildreservat von Gombe am Tanganjika-See in Tansania, das 1966 zum Nationalpark erklärt wird, beginnt sie, begleitet von ihrer Mutter Vanne, das Verhalten von Schimpansen zu erforschen. Ihr Mentor Leakey hält Frauen für bessere Beobachter als Männer und erhofft sich Erkenntnisse, die Rückschlüsse auf das Verhalten der Frühmenschen zulassen.

1962   Um ihre bis dahin mangelnde wissenschaftliche Ausbildung aufzuholen, schreibt sich Jane Goodall 1962 mit einer Ausnahmegenehmigung an der Universität von Cambridge ein, um im Fachgebiet Ethologie, vergleichende Verhaltensforschung, zu promovieren. 1965 ist sie die achte Doktorantin an der renommierten Universität, die die Doktorwürde erhält, ohne ein reguläres Studium absolviert zu haben.

1964   Sie heiratet den niederländischen Tierfilmer Hugo van Lawick (1937 – 2000) und dreht mit ihm zahlreiche Filme. Die Ehe hält zehn Jahre. Das Paar hat einen gemeinsamen Sohn, Hugo Eric Louis, genannt Grub.

1967   Sie wird Scientific Director des Gombe Stream Research Center.

1971   Gastprofessorin an der kalifornischen Stanford University bis 1975.

1975 Sie heiratet Derek Bryceson, Direktor des Nationalparks von Tansania. Er stirbt 1980 an Krebs.

1977 Gründung des Jane Goodall Institute for Wildlife Research, Education and Conservation (JGI), das inzwischen Büros in 27 Ländern unterhält. Oberstes Ziel des
Jane Goodall Institute ist der respektvolle Umgang mit
Menschen, Tieren und der Natur.

1986 Ihr Buch »The Chimpanzees of Gombe: Patterns of Behaviour« erscheint. Auf einer Konferenz von Biologen beschließt sie, ihre Forschungen einzustellen und sich fortan
als Tierschutz- und Umwelt-Aktivistin zu betätigen.

1990 Ausgezeichnet mit dem Kyoto-Preis für herausragende
wissenschaftliche Leistungen.

1991 Mit einigen SchülerInnen gründet sie in Tansania die Aktion »Roots & Shoots« (wörtlich: Wurzeln & Sprösslinge).
Heute existieren mehr als 10 000 Gruppen in 120 Ländern,
die sich mit kleinen und größeren Umwelt- und Sozial-Pro-
jekten für eine bessere Welt engagieren. Viele davon entwi-
ckeln sich später zu umfassenden Projekten in der Region.

1994   Sie initiiert das Projekt TACARE (Lake Tanganyika Catchment Reforestation and Education) zur Wiederaufforstung des Gebiets um den Gombe Nationalpark und zur Verbesserung der Lebensbedingungen der Menschen dort. Heute nehmen 30 Dörfer in der Region an dem Projekt teil.

1997   Ausgezeichnet mit dem Global 500 Award, dem bis 2004 von UNEP (United Nations Environment Program) gestifteten Umweltpreis.

1999   Die Autobiografie »Grund zur Hoffnung« erscheint auch auf Deutsch.

2002   Generalsekretär Kofi Annan ernennt sie zur Friedensbotschafterin der UN. Vom Umweltminister Österreichs erhält sie den Konrad-Lorenz-Preis.

2003   Ausgezeichnet mit dem Prinz von Asturien-Preis, dem spanischen Pendant zum schwedischen Nobelpreis, in der Sparte Wissenschaft und technische Forschung.

2004   Von Queen Elizabeth II geadelt mit dem Titel »Dame Commander of the Order of the British Empire (DBE)«.

2005   Ernannt zum Offizier der Französischen Ehrenlegion.

2010   In aller Welt finden Feierlichkeiten und Aktivitäten zum »Gombe 50«-Jubiläum statt: Aus dem ursprünglich geplanten halben Jahr wird die längste Feldstudie, die die Wissenschaft kennt: Sie läuft bereits seit 50 Jahren und wird weiterhin fortgesetzt.

Das Jane Goodall Institute und »Jane Goodall's Roots & Shoots«

Jane Goodalls offizieller Titel in ihrer Muttersprache Englisch lautet: »Jane Goodall, Ph.D., DBE, Founder of the Jane Goodall Institute & UN Messenger of Peace.«

1977 gegründet, setzt das Jane Goodall Institut die Pionierarbeit von Dr. Goodall in der Erforschung des Verhaltens von Schimpansen fort – Forschungen, welche die wissenschaftliche Wahrnehmung der Verwandtschaft zwischen Menschen und Tieren verändert haben und damit auch unseren Blick auf den Menschen. Heute ist das Institut weltweit führend in seinen Bemühungen, Schimpansen und ihre Lebensräume zu schützen.

Bemerkenswert ist die Tatsache, dass das Jane Goodall Institute, das für seine Aktivitäten auf Spenden und Sponsoren angewiesen ist, grundsätzlich nicht mit Firmen zusammenarbeitet, die Tierfelle, Feuerwaffen und Tabak herstellen oder verkaufen, die sich nicht an die Minimum-Standards halten, die von der International Labor Organization (ILO) für die Behandlung von Arbeitern festgelegt worden sind, die Tiere in der Werbung oder zur Unterhaltung einsetzen, und die Tierversuche durchführen.

Ab September 2010 wird es auch in Deutschland eine Niederlassung des Jane Goodall-Instituts mit Sitz in München geben. Monica Lieschke, die künftige Leiterin, hat Methoden, Zielsetzungen und Fallbeispiele unter der Überschrift »Jane Goodall's Roots & Shoots: Mission Possible« zusammengefasst:

Jane Goodall's Roots & Shoots ist ein globales ökologisches und humanitäres Jugendprogramm des Jane Goodall-Instituts mit dem Ziel, die Jugendlichen zu motivieren, mehr über die brennenden Herausforderungen in ihren Gemeinden, ihrem Lebensalltag und in ihrer konkreten Umwelt in Erfahrung zu bringen und nach ihren Möglichkeiten zu deren Lösung beizutragen.

Sie lernen, ihre eigenen Projekte zu initiieren und durchzuführen. Ob hierbei zunächst das Interesse für Mensch, Tier oder Umwelt leitend ist, das Engagement etwa gegen Armut oder für eine aussterbende Art, letztlich haben alle kleinen und größeren Projekte zum Ziel, die Welt besser zu machen.

Learn – Care – Act – Connect (Lernen, Sorge tragen, Handeln, Vernetzen) sind die wesentlichen Aspekte eines solchen Lernprozesses. In welchem Land oder Kulturkreis auch

immer werden auf diese Weise Selbstachtung, Selbstvertrau-
en und Hoffnung der Jugendlichen in die Zukunft gefördert
und gestärkt. Auch kleine selbst bewirkte positive Änderungen zu erleben, fördert weiteres Engagement und die Entwicklung positiver Visionen. Durch das aktive internationale
Netzwerk des Roots & Shoots-Programms liegt die besondere Chance in der Möglichkeit, Verständnis und Verständi-
gung zu fördern zwischen unterschiedlichen Kulturen, Ländern, ethnischen Gruppen und sozialen Schichten. Der
Austausch über die jeweilige Arbeit vermittelt auch anschau-
lich, was nachhaltige Entwicklung konkret in der jeweiligen
Region bedeuten kann.

Schon vor seiner Gründung gelang es dem neuen JGI, dass die
PATRIZIA-Kinderhaus-Stiftung derzeit einen Schulneubau und
eine Schulrenovierung im Hochland von Nepal unter der Mitarbeit dort aktiver R & S-Gruppen ermöglicht. Neben der vita-
len Verbesserung der bisher katastrophalen Zustände an der
Schule werden dort künftig auch einmal wöchentlich Straßen-
kinder aus dem nahen Kathmandu in die Roots & Shoots-Ar-
beit und die lokalen Artenschutz-Projekte eingebunden und ihnen so eine Erholungspause aus den sehr belastenden
Umweltbedingungen in der Großstadt ermöglicht.

Die Projekt-Kooperation mit dem Verein WEMA Home e.V. in Benin (Westafrika) ist ein zweites erfolgreiches Beispiel. Zurückgehend auf eine R & S-Initiative im Jahre 1992 wird die Schul- und Berufsausbildung von Kindern und Jugendlichen gefördert, eine Frauenkooperative gegründet, die in Handarbeit und ohne chemische Zusätze Yokumi, biologische Shea-Butter aus den Früchten des Karité-Baumes, produziert. Das Projekt fördert gleichzeitig die regionale Wertschöpfung und den Landschaftsschutz (u. a. Erhalt der alten Karité-Bäume), wird etwa 500 Frauen ein Einkommen sichern und damit auch die Schul- und Berufsausbildung ihrer Kinder.

Weiterhin arbeiten derzeit über 40 Schulen und R & S-Gruppen an einem Brachlandprojekt. Büsche, Bäume und viele Arten kehren zurück und sind ein Beitrag nicht nur zur Biodiversität, sondern tragen auch zur Lebensqualität und zum Lebensunterhalt der Bevölkerung bei – im besten Sinne von Hilfe zur Selbsthilfe und einer regional angepassten nachhaltigen Entwicklung. Ein jüngst angelaufenes Solarlampenprojekt in Kooperation mit einem deutschen Hersteller bietet weitere zukunftsweisende Möglichkeiten. Eine relativ bescheidene Investition erleichtert den Lebensalltag.

In München starten gerade die ersten R & S-Gruppen. Ambitioniertes Ziel und Wunsch des Instituts ist es, im Jubiläumsjahr Gombe 50 innerhalb eines Jahres den Start und die Initiative von mindestens 50 Gruppen zu unterstützen.

(Quelle: Jane´s Journey – Die Lebensreise der Jane Goodall, Begleitmaterialien zum Film, Universum Film GmbH)

Kontakt:

info@janegoodall.de

www.janegoodall.de

www.roots-and-shoots.de

TACARE und HOFFNUNG

Im Jahr 1994 ruft Jane Goodall in Tansania ein Projekt ins Leben, das sie TACARE nennt (Lake Tanganyika Catchment, Reforestation and Education) zur Wiederaufforstung des Gebiets um den Gombe-Nationalpark und zur Verbesserung der Lebensbedingungen der Menschen dort. Es ist ein gutes Beispiel dafür, wie man mit kleinen Schritten Großes bewirken kann. In ihrer Autobiografie schreibt Jane Goodall dazu:

»Als ich 1960 zum ersten Mal nach Gombe kam, waren die Ufer des Tanganjikasees kilometerweit bewaldet, und nur im engsten Umkreis um die wenigen Dörfer war der Wald zur Gewinnung von Ackerland gerodet. 1995 gab es nur noch innerhalb der 75 Quadratkilometer des geschützten Gombe-Nationalparks Wald. Wie konnte diese kostbare Baumoase erhalten werden, wenn die Leute ringsum ums nackte Überleben kämpften?

Das Jane-Goodall-Institut startete mit Hilfsmitteln der Europäischen Union ein Programm zur Wiederaufforstung, zur nachhaltigen Bewirtschaftung des Waldes und zur Erosionskontrolle unter anderem durch Konturenpflügen und Terrassierung der Hänge. Heute gibt es [...] in 27 Dörfern Baumschulen: neben vielen einheimischen Gehölzen Obstbäume, Schatten spendende Bäume und schnellwüchsige Bäume für Bauholz. Es wurden viele Waldparzellen eingerichtet zur Freude der Frauen, die seit Jahren immer längere Wege zurücklegen mussten, um Feuerholz zu holen. In speziellen Programmen werden die Dörfler über den Naturschutz aufgeklärt, und in allen Schulen wird Naturschutz gelehrt. Mit Minikrediten wird Frauen geholfen, nachhaltige Entwicklungsprojekte zu starten, durch die sie ihre Lebensqualität verbessern können, ohne gleichzeitig die Umwelt zu zerstören.

In Zusammenarbeit mit den Medizinern vor Ort wurden den Dorfbewohnern Gesundheitspflege-, Familienplanungs- und Aids-Aufklärungsprogramme angeboten. Mithilfe von UNICEF und dem International Rescue Committee werden 30 Dörfer mit Trinkwasser und neuartigen Latrinen versorgt. Tausende von Menschen blicken jetzt wieder hoffnungsvoll in die Zukunft – und begreifen, warum die letzte kleine Schimpansenpopulation in ihrer Mitte geschützt werden muss. Sie sind voll in das Programm eingestiegen und haben es sich zu eigen gemacht.«

Nicht von ungefähr hat Jane Goodall ihre Autobiografie »Grund zur Hoffnung« betitelt, und die sieht sie im Wesentlichen in vier Punkten: »1. das menschliche Gehirn, 2. die Regenerationskraft der Natur, 3. die Energie und Begeisterung, die weltweit bei jungen Menschen zu finden sind oder geweckt werden können, und 4. die Unbezwingbarkeit des menschlichen Geistes.« Sie wird nicht müde zu betonen, wie wichtig in ihren Augen vor allem der Dialog mit der Jugend ist: »Junge Menschen, die informiert werden und die Chance bekommen, etwas zu bewegen, und die merken, dass das, was sie tun, wirklich etwas in Gang setzt, können wahrlich die Welt verändern. Sie sind bereits dabei.«

(Quelle: Jane´s Journey – Die Lebensreise der Jane Goodall, Begleitmaterialien zum Film, Universum Film GmbH)

Schimpansen – Was man über sie wissen sollte

Schimpansen zählen zur Familie der Menschenaffen (Hominidae). Zu diesen gehören auch Gorillas (in Afrika), Bonobos (in Afrika), Orang-Utans (in Asien) und die Menschen (weltweit).

Schimpansen sind die nächsten lebenden Verwandten des Menschen. Denn 98,4 % der DNA (also fast alle genetischen Informationen) sind mit uns Menschen identisch. Der Schimpanse ist vielleicht der erstaunlichste unter unseren Verwandten im Tierreich. Er ist der bisher am besten erforschte Menschenaffe. Dazu hat Jane Goodall mit ihrer Forschung, die seit dem Jahr 1960 in der bislang längsten Freilandstudie im Nationalpark Gombe (Tansania) durchgeführt wird, sehr viel beigetragen.

Man unterscheidet vier Schimpansen-Unterarten:
- Der **Westafrikanische Schimpanse** kam ursprünglich in 13 afrikanischen Ländern vor. Heute gibt es nur noch etwa 12 000 dieser Schimpansen in sechs Ländern. Die meisten leben in Guinea und der Elfenbeinküste.
- Ungefähr 80 000 **Zentralafrikanische Schimpansen** kommen von Nigeria und Kamerun im Norden bis Angola im Süden Afrikas vor.

- Etwa 13 000 **Ostafrikanische Schimpansen** leben vom Zaire-Fluss im zentralen Kongobecken bis zu den Virunga-Bergen in Ostafrika.
- Die **Nigeria-Schimpansen** sind in Ostnigeria und Westkamerun zu Hause. Es gibt etwa 4000 bis 7000 dieser Tiere.

Körpermerkmale

1. Länge: Männchen: durchschnittlich 120 bis 130 cm, Weibchen: 110 bis 120 cm

2. Gewicht: Männchen: 35 bis 60 kg in freier Natur, bis 90 kg in Gefangenschaft, Weibchen: zwischen 30 und 47 kg

3. Gehirngröße: Bis ca. 500 cm^3, teils größer als das Volumen der ersten, ausgestorbenen Früh-Menschen, den Australopithecinen.

4. Fortbewegung: Knöchelgang, auch aufrecht, zweibeinig – schaukelnder Gang; im schnellen Lauf kein Schaukeln.

Äußeres Erscheinungsbild

Jeder Schimpanse hat ganz individuelle Gesichtszüge, an denen man die Schimpansen sehr gut unterscheiden kann.

Schimpansen haben schwarzes, seltener auch graues oder bräunliches Haar und rosa bis schwarze Haut. Gesicht (mit Ausnahme des Kinns), Ohren, Handflächen und Fußsohlen sind nicht behaart. Jungtiere haben an diesen Körperteilen eine sehr blasse Haut, außerdem weiße Haarbüschel am Po, die mit dem Erwachsenwerden verschwinden. Diese weißen Haarbüschel sind auch im abgedunkelten Wald gut erkennbar und ein Schutzhinweis für alle erwachsenen Schimpansen.

Der Duft gesunder, frei lebender Schimpansen erinnert an den von Pferden und ist äußerst angenehm.

Die Arme von Schimpansen sind länger als ihre Beine. Das erleichtert ihnen nicht nur das Klettern und Hangeln von Ast zu Ast, sondern ermöglicht auch das Greifen nach Früchten, die an dünnen Zweigen wachsen und ihr Gewicht nicht aushalten würden. Weitere Strecken legen sie meist am Boden zurück. Dabei laufen Sie auf der Rückseite ihrer Fingergelenke, während die Fußsohlen glatt auf dem Boden aufgesetzt werden. Aus diesem Grund wird diese Gangart als »Knöchelgang« bezeichnet.

Schimpansen können außerdem aufrecht auf beiden Beinen gehen, wenn sie etwas in den Händen tragen oder hohes Gras überblicken wollen. Die Daumen der Schimpansen sind zwar viel kürzer als die der Menschen, können aber genauso gut abgespreizt (opponiert) werden. Das trifft im Übrigen auch für die großen Zehen zu, sodass Schimpansen das Greifen nicht nur mit den Händen, sondern kaum eingeschränkt auch mit den Füßen möglich ist.

Ernährung

Schimpansen unterscheiden je nach Lebensraum und vorhandener Artenvielfalt bis zu 200 verschiedene Nahrungspflanzen, wobei anzunehmen ist, dass es noch wesentlich mehr sind. Einige Pflanzen werden nachweislich als reine Medizin bei Übelkeit, Schmerzen usw. verwendet. Neben pflanzlicher und tierischer Kost nehmen Schimpansen auch Mineralien auf. Die Nahrung setzt sich nach Beobachtungen im Durchschnitt aus folgenden Nahrungsanteilen zusammen (nach Volker Sommer):

1. Früchte (einschließlich Nüsse) ca. 55 bis 70 %
2. Blätter (Bäume) ca. 20 %
3. Blätter und Kräuter (Bodenvegetation) ca. 10 bis 20 %
4. Tierische Nahrung: ca. 0,1 bis 4 %, darunter häufig Roter Stummelaffe (Red Colobus), gelegentlich junge Paviane, junge Buschschweine, Buschbockkitze und Nagetiere. Ebenfalls Termiten, Ameisen, Raupen, Käfer und gelegentlich auch Bienen.

5. Mineralstoffaufnahme an brüchigen und salzhaltigen Steinen, auch Erde von Termitenbauten.

Lebensweise

Schimpansen sind tagaktiv. Sie bauen sich Ruhe- und Schlafstätten, sogenannte »Nester«. Zu 50 % verbringen sie ihre Zeit am Boden. Mütter und Kinder halten sich ca. 20 % mehr in Bäumen auf, da diese besseren Schutz für den Nachwuchs bieten. »Schwergewichte« – wie die männlichen Tiere – sind teils behäbiger, langsamer und setzen sich zudem häufiger der Gefahr des Astbruchs und Absturzes aus. Deshalb ist es einfach zu verstehen, dass sich große und schwere Schimpansenmännchen weniger in Bäumen aufhalten. Schimpansen bewohnen Territorien (Gebiete) in dichten Waldgebieten mit einer Größe von 5 bis 40 km². In Savannen sind diese Gebiete größer, etwa 25 bis ca. 550 km².

Fortpflanzung

Schimpansen sind polygam, das heißt, sie haben mehrere PartnerInnen. Die Geschlechtsreife tritt bei den Weibchen zwischen dem 6. und 10. Lebensjahr und bei den Männchen ungefähr zwischen dem 7. und 12. Lebensjahr ein.

Der weibliche Schimpansenzyklus beträgt 32 bis 36 Tage (der weibliche Zyklus beim Menschen beträgt zum Vergleich 24 bis 32 Tage, durchschnittlich 29,5 Tage).

Die Schwangerschaft dauert bei Schimpansen in Freiheit ca. 225 Tage, in Gefangenschaft ist die Dauer jedoch oft stark abweichend. In der Regel bringt ein Schimpansenweibchen erstmals im Alter von ca. 12 Jahren ihr erstes Baby auf die Welt. Man hat aber auch beobachtet, dass die erste Geburt erst im Alter von ca. 20 Jahren erfolgte. Zwillingsgeburten sind vergleichsweise selten, ähnlich wie beim Menschen. Das Geburtsgewicht eines Schimpansenbabys beträgt ca. 1,8 kg.

Die Jungtiere werden in der Regel innerhalb von 2 bis 4 Jahren entwöhnt, manchmal auch erst nach 5 Jahren (zum Vergleich: zahlreiche afrikanische Menschenmütter entwöhnen nach ca. 2 Jahren); der Geburtenabstand bei Schimpansenweibchen beträgt 4 bis 5 Jahre, manchmal auch länger.

Die Kindersterblichkeit ist recht hoch; bei Männchen liegt sie im ersten Lebensjahr bei ca. 23 %, bei Weibchen ist sie jedoch deutlich höher, nämlich ca. 33 %. Warum die Sterblichkeit der Weibchen höher ist, ist bisher ungeklärt.

Die Lebensdauer beider Geschlechter kann in Freiheit etwa 45 bis 50 Jahre erreichen, in Gefangenschaft bis etwa 60 Jahre.

Der Gebrauch von Werkzeugen

Inzwischen sind bei Schimpansen etwa 20 verschiedene und teils für ganz bestimmte Verwendungen eigens angefertigte Werkzeuge aus unterschiedlichen Werkzeugkulturen in West- und Ostafrika bekannt (Beispiele siehe unten). Die einzelnen Praktiken unterscheiden sich oft stark innerhalb isolierter, einzelner Populationen in West-, Zentral- und Ostafrika.

In Überlieferung und durch »Vormachen« werden Werkzeugherstellung und -gebrauch an die jeweils nächste Generation weitergegeben. So ist beispielsweise der kombinierte Gebrauch von Hammer und Amboss im Tai-Nationalpark (Elfenbeinküste) bei den ostafrikanischen Schimpansen nicht bekannt. Wird in einer eingegrenzten Population eine spezifische Technik in Werkzeugherstellung und -gebrauch von Generation zu Generation weitergegeben, so kann man von »Tradition« oder auch »Kultur« sprechen.

Die folgenden Beispiele zeigen die Vielfältigkeit der Werkzeuge:
- zurechtgestutzte Grashalme und Stöckchen zum Angeln von Termiten

- Bohrstöcke für Termitenhaufen, Honig, Harz, Knochenmark
- Bürstenstöcke mit aufgefächerten Stockenden zum effektiveren Termitenfischen
- Hebelstöcke, um Löcher zu vergrößern; Grabstöcke zum Aufbrechen von Termitenhügeln
- längere und entlaubte Stöcke zum Angeln von Treiberameisen
- längere Ruten als Riechsonde und zur Untersuchung von Objekten außerhalb der Reichweite
- Angelstöcke, um fruchttragende Zweige an sich heranzuziehen
- Löffel und zurechtgekaute Schwämme aus Blättern, um Wasser aus Baumlöchern zu schöpfen
- Blatttupfer zur Wundbehandlung und Beseitigung von Verunreinigungen von Haut und Fell
- Zahnstocher
- Fliegenklatschen
- Äste mit vielen Blättern, um sich nach Regen den Rücken zu trocknen
- Hammer und Amboss (Steine, Holz) zum Nüsseknacken, (»Nussknacker-Werkstätten« unter großen Nussbäumen); geeignete Hämmer und Nüsse werden auch über längere Strecken zu den Nussbäumen und der »Werkstatt« getragen.
- »Sandalen« aus Blättern – aus Sierra Leone berichtet (bisher nicht bestätigt)

- Stöcke und Steine (ohne Anfertigung) als Wurfgeschosse – auch bei der Jagd und Verteidigung

Verbreitung

Schimpansen sind noch in 21 afrikanischen Ländern zu finden, vom äußersten Westen des Kontinents nach Osten bis Uganda, Ruanda, Burundi und Tansania. Die größte Konzentration von Schimpansenpopulationen gibt es noch in den Regenwäldern am Äquator. Ihr Verbreitungsgebiet reicht von kühlen Wäldern in 3000 m Höhe bis hinab in die angrenzenden Savannen.

Beispiele für die Bedrohung der Schimpansen

1. Ihr Lebensraum wird durch **Abholzung** zerstört. Dabei werden auch Tiere verletzt oder sogar getötet.
2. Die einheimische Bevölkerung geht in den Urwäldern auf Jagd, die erlegten Tiere werden als »Bushmeat« bezeichnet. Die Menschen stellen Fallen auf, die für kleine Säugetiere gedacht sind. Jedoch werden auch viele Schimpansen Opfer dieser Fallen.
3. Schimpansen – vor allem Jungtiere – werden gefangen, um als **Haustiere, Zootiere** oder **Versuchstiere für Labors** verkauft zu werden. An Flughäfen oder auf Märkten werden

diese Tiere oft rechtzeitig entdeckt, und man kann so ihren Verkauf in andere Länder verhindern.

(Quelle: Texte auszugsweise entnommen aus der Broschüre »Roots & Shoots« des JGI-Austria; Abdruck mit freundlicher Genehmigung durch Herrn Ing. Walter Inmann, JGI-Austria)

Jane Goodall Institute weltweit

JGI-Australia

http://www.janegoodall.org.au/

JGI-Austria

http://www.janegoodall.at/

JGI-Belgien

http://www.janegoodall.be/

JGI-Canada

http://www.janegoodall.ca

JGI-China

http://www.jgichina.org

JGI-Congo

jgicongo@yahoo.com

JGI- France

http://www.janegoodall.fr/

JGI- Germany

www.janegoodall.de

JGI-Hong Kong

http://www.janegoodall.org.hk/

JGI-Hungary

http://www.janegoodall.hu

JGI-Italy

http://www.janegoodall-italia.org/

JGI-Japan

http://www.jgi-japan.org/

JGI-Netherlands

http://www.janegoodall.nl/

JGI-South Africa

http://www.janegoodall.co.za/

JGI-Spain

http://www.janegoodall.es/es/

JGI-Switzerland

http://www.janegoodall.ch/

JGI-Taiwan

http://www.goodall.org.tw/

JGI-Tansania

pngalason@janegoodall.or.tz

JGI-Uganda

www.jgiuganda.org

JGI-UK

http://www.janegoodall.org.uk/

JGI-USA

http://www.janegoodall.org/

(Quelle: Broschüre des JGI Austria – Abdruck mit freundlicher Genehmigung durch Herrn Ing. Walter Inmann)

Bücher

Goodall, Jane / Berman, Phillip, *Grund zur Hoffnung.* Aus dem Engl. von Erika Ifang, München: Riemann, 2006. 352 Seiten, Tb., € 12,95 | Das Buch wird getragen von tiefer Ehrfurcht, Respekt und Achtung vor unseren Mitgeschöpfen und ist ein engagiertes Plädoyer für Feldforschung und Naturschutz. Goodalls ungebrochener Optimismus motiviert und gibt – wie der Titel schon sagt – Grund zur Hoffnung. Neben Sachbüchern eine lohnende Lektüre für alle, die Natur erforschen und schützen!

Gore, Al: *Eine unbequeme Wahrheit: Die drohende Klimakatastrophe und was wir dagegen tun können.* Aus dem Engl. von Richard Barth und Thomas Pfeiffer. München: Riemann, 2007. 328 S., durchgängig farbig bebildert, € 19,95. | Das Buch zum gleichnamigen Film – ein ebenso dringlicher Appell, bisweilen plakativ, immer schonungslos und trotz allem letztlich hoffnungsvoll; mit einfachen praktischen Hinweisen, wie sich jeder wirksam engagieren kann.

Hoffmann, Ulrich: *1000 Ideen, täglich die Welt zu verbessern.* Hrsg. Jan Hofmann, Dieter Kronzucker und Shary Reeves, Reinbek: Rowohlt, 2010. 510 Seiten, geb., mit farb. Abb., € 22,95

| »Wer will, kann täglich dazu beitragen, dass Menschen ein besseres Leben führen, dass Arten vor dem Aussterben gerettet werden, dass Kinder überleben, dass sich das Klima erholt, wortwörtlich wie im Umgang miteinander. Wie das geht, zeigen die Autoren dieses Bandes anhand von konkreten und lebensnahen Beispielen. Man kann sich moderner Technik bedienen oder auf alte Tugenden besinnen. Man kann sich ehrenamtlich engagieren oder Geld spenden. Man kann sich selbst bewegen oder andere. Es gibt unzählige Möglichkeiten, jeden Tag die Welt zu verbessern. Dieses Buch stellt die besten vor.« (zit. aus dem Klappentext)

Meadows, Donella / Randers, Jørgen / Meadows, Dennis: *Grenzen des Wachstums: Das 30-Jahre-Update; Signal zum Kurswechsel.* Aus dem Engl. von Andreas Held. 2., ergänzte Auflage 2006. Stuttgart: Hirzel, 2006. 323 S., € 29,00 | Umfassender Lagebericht und differenzierte globale Szenarien zur Frage »Nachhaltige Zukunft oder Zusammenbruch?« Faktenreich, fundiert, alarmierend – und gewissermaßen erschreckend verständlich und lesbar.

Nielsen, Maja: *Jane Goodall und Dian Fossey*: Unter wilden Menschenaffen. Hildesheim: Gerstenberg, 2008. 62 Seiten, geb., mit farb. Abb., € 12,90 | Informatives Buch, mit einer Vielzahl von kleinen Informationskästen, Bildern, Karten zum Verhalten und Leben der afrikanischen Menschenaffen, ihrer Gefährdung durch menschliche Verhaltensweisen und Lebensformen und Möglichkeiten ihres Schutzes.

Schlumberger, Andreas: *50 einfache Dinge, die Sie tun können, um die Welt zu retten: Und wie Sie dabei Geld sparen.* 3. Aufl. Frankfurt am Main: Westend, 2005. 168 Seiten, Pb., € 9,90. | Der Autor studierte Biologie und ist Journalist mit ökologischem Schwerpunkt; direkt an Kinder richtet sich sein »33 einfache Dinge, die du tun kannst, um die Welt zu retten«, erschienen 2005 im selben Verlag (80 Seiten, Pb., € 7,95).

Sommer, Volker: *Schimpansenlan.* München: C.H. Beck, 2008. 251 Seiten, geb., 14 Farbabbildungen, 1 Karte, € 19,90 | »Sommer erforscht unsere allernächsten Verwandten als Evolutionsbiologe. Ökologie, Sozialverhalten, Werkzeuggebrauch und Naturmedizin der Schimpansen entpuppen sich dabei als feine Anpassung an einen schwierigen Lebensraum. Nur dank einer über Urzeiten gewachsenen Kultur können die Menschenaffen in diesem Dschungel am Rande der Savanne überleben. Werden sie ausgerottet, verliert unser Planet nicht nur Biodiversität, sondern auch kulturelle Vielfalt.« (Zit. aus dem Klappentext).

de Waal, Frans: *Der Affe in uns – Warum wir sind, wie wir sind.* Aus dem Amerikanischen von Hartmut Schickert. München, Wien: Carl Hanser, 2006. 366 Seiten, geb., € 24,90 | Frans de Waal, einer der weltweit führenden Primatenforscher, zieht in »Der Affe in uns« die Summe des gegenwärtigen Kenntnisstandes über die verblüffenden Ähnlichkeiten menschlicher Verhaltensweisen mit unseren engsten Verwandten im Tierreich, den Schimpansen und Bonobos.

Links

http://www.aionik.de/Schriften/Primatenforschung.htm

Informative Website über den Stand der Primatenforschung in
den 1990er-Jahren

http://www.focus.de/wissen/wissenschaft/natur/verhaltens-
forschungtod-und-trauer-bei-affen_aid_502292.html

Artikel, der über das Verhalten von Schimpansen berichtet, die
mit Tod und Trauer konfrontiert werden.

http://www.janegoodall.org

Website des amerikanischen Jane Goodall Institute

http://www.janegoodall.de

Enthält alle wichtigen Informationen zum deutschen Jane Goodall Institut. Die Website ist ab September 2010 online.

http://www.janes-journey-film.de

Die offizielle Website zum Film »Jane's Journey – Die Lebensreise der Jane Goodall«

http://www.novo-magazin.de/72/novo7212.htm

Essay, in dem sich die britische Autorin Helene Guldberg grundlegende Gedanken über das Verhältnis zwischen Mensch und Tier macht.

http://www.rootsandshoots.org

Amerikanische Website von Jane Goodall's Roots & Shoots

http://www.rootsnshoots.org.uk

Englische Website von Jane Goodall's Roots & Shoots

http://www.ucl.ac.uk/gashaka/Afrika/

Essay des Primatenforschers Volker Sommer

http://www.youtube.com/watch?v=s3FEWKdIvcA

Vortrag von Jane Goodall am 17. April 2008, Institute for Peace and Justice, University of San Diego

http://www.icewisdom.com

Website von Angaangaq Angakkorsuaq, dem Inuit und Botschafter des schmelzenden Eises

http://www.lorenzknauer.com

http://www.gutaiderbichl.at

http://www.autorenduo.com

Danksagung der Autoren

Zuallererst danken wir **Dr. Jane Goodall.** Durch sie und durch unsere Arbeit am Buch wurde unsere Sicht auf die Welt und ihre wahren Probleme wieder einmal geradegerückt.

Weiterhin danken wir, wobei die Reihenfolge keine Wertung bedeutet, ...

... **Lorenz Knauer,** dem Regisseur von »Jane´s Journey«. Obwohl selber mit der Fertigstellung seines Films stark eingespannt, versorgte er uns immer mit den Hintergrundinformationen, die wir brauchten.

... **Monica Lieschke,** Gründerin des Jane Goodall Institutes Deutschland, die uns mit Unterlagen und mit ihrer Unterstützung sehr geholfen hat.

... unserem Verleger **Thomas Stolze,** der uns zugetraut hat, die wunderschönen Bilder des Films »Jane`s Journey« schriftstellerisch umzusetzen.

... unserer Lektorin **Petra Holzmann.** Es war wie immer ein Vergnügen, mit ihr zu arbeiten.

... unserem Freund **Michael Aufhauser** vom Gut Aiderbichl bei Salzburg für sein sehr persönlich gehaltenes Vorwort zu unserem Buch.

... **Walter Inmann** und **Michael Buchner** vom Jane Goodall Institut in Wien für seine Hilfe.

... unseren **Eltern, Kindern und Enkelkindern,** die immer Verständnis haben, wenn wir ein Buch schreiben und uns dann in Klausur zurückziehen.

... **Ellen und Henner** für ihre Freundschaft.

»Wir müssen lernen, in Harmonie und Frieden zu leben.
Nicht nur miteinander, sondern auch mit der Natur.
Denn wenn wir morgen alle Waffen niederlegen,
aber nicht in Harmonie mit der Natur leben,
brauchen wir die Waffen bald, weil wir um
Wasser und die letzten Bodenschätze kämpfen.«

Jane Goodall

Liebe Leserinnen und liebe Leser,

haben auch Sie eine spannende und abwechslungsreiche
Geschichte, die erzählt werden muss ?

Möchten Sie selbst ein Buch verfassen oder haben Sie schon ein
Manuskript in der Schublade ?

Dann zögern Sie nicht und melden Sie sich bei uns unter:

Telefon: +49 8157 59 69 48
oder per

eMail: info@imagine-verlag.de